靈鷲山 2017 弘法紀要

Annual Collection of Dharma Propagation of the Ling Jiou Mountain Buddhist Society 2017

順天知

全壽命

戊戌 心道

導言

二〇一七年的第一天，平安鐘響起的時候，喚醒了太陽，也敲擊著我們的內心，讓我們從迷惘的執著中醒來。兩千多年前，印度靈鷲山上，佛陀曾用花與微笑，讓我們沉睡的內心覺醒，將佛法永恆地刻印在心上。現在臺灣靈鷲山，為利益一切眾，也響起了弘傳佛法的號角，用真心回應佛陀的拈花微笑。

修行就是修心，師父新近的兩部著作，《心經直契：空性的道路》與《坐禪的力量：十場靈性的師徒對話錄》呈現出禪師的修行領悟，師父說：「心是大圓滿，沒有缺陷過，一切具足。」修學佛法的關鍵是心，在春安居的禪修閉關，讓心寧靜下來；在大悲閉關時攝心齊念〈大悲咒〉，用慈悲心為世界祈福；在水陸法會中普濟六道群靈，轉化心中無明的業力，成就心和平的生命；在華嚴閉關中用法界一心為地球結界，結出慈悲圓滿的靈山法界，將佛法貫徹到每個人的心中。靈鷲山四眾弟子實踐的六項生活原則也是從一心出發，讓心中具足二愛，在修行中貫徹三好，對他人實踐四給、在生命中履行五德，最終以六度圓滿生活中的一切實踐。

心的實踐從來沒有侷限，師父從靈鷲山出發，踏上美洲、歐洲、亞洲弘法，讓佛法遍布地球的每一個角落，祈願每個人心中都能種下菩提心的種子，這份使命促使著我們準備在緬甸興建一所生命和平大學，將「愛地球、愛和平」的理念貫徹下去。師父與世界各地的宗教、教育、生態、科學專家們，五月在德國舉行了第一次的智庫會議，九月在大學的預定地——緬甸的弄曼舉行會議，為大學設計出一套生命和平教育的學習系統。另方面，靈鷲山也一直致力於佛法修學系統的傳承，四期教育就是修學自度度人、自覺覺他的佛陀教法，阿含期培養出離心，般若期滋養智慧的解脫心，法華期生起度一切眾的菩提心，華嚴期圓滿我們愛地球愛和平的心。相關課程也已在十月開設阿含進階課程——無我之道，並延伸出相關的教育課程：小朋友的龍樹小學堂、兒童學佛營；青年的龍樹課程、佛門探索營；社會大眾的三日禪、宗風營、四期營隊等。所有這些實踐都是從我們的心開始，而落實到不同領域的開展。

所以，心有多大，世界就有多大。師父從心的實踐出發，推行「愛地球、愛和平」的全球運動，用愛連結各個宗教的力量。今年五月底的時候，師父前往梵蒂岡會見教宗，雙方在微笑中，看見彼此心中對世界的愛，開啟了雙方合作的契機。十一月，在臺灣靈鷲山的聖山寺舉辦第六屆「佛教徒與基督徒的對話」國際研討會。在天主教梵蒂岡宗座宗教交談委員會的協助下雙方進行對話，面對地球的紛爭，從愛出發，推動心中的和平使命，一起攜手走上「非暴力」的和平之路。師父本著「尊重每一個信仰，包容每一個族群，博愛每一個生命」的精神，創立世界宗教博物館，而每年都舉辦各個不同宗教的展覽，今年也不例外，在今年四月舉行了佛教「悲智境相：洛桑龍達上師・青海熱貢唐卡」藝術特展、八月舉行了「繡裡乾坤——寺廟繡品的故事：臺灣首廟天壇收藏精選特展」、以及十一月舉行了天主教的「愛與光——聖經繪畫故事」特展。在世界宗教博物館這一場域下，實現了超越時空的宗教對話。

心就是我們本自具足的真心，在不斷修學與實踐佛法的過程之中，讓這顆心慢慢澄明，以體悟佛陀在拈花微笑間所傳達的深意，回到我們每個人心中的靈山妙境。

釋了意 合十

目錄

柒月 91

捌月 101

玖月 111

拾月 121

拾壹月 133

拾貳月 151

年度報導 157

年表 181

總論

啟動愛地球、愛和平運動

二〇一七年即將過去，除了開心迎接新年到來，我們有注意到地球的危機日益迫切嗎？當我們看見新聞中，骨瘦如柴的北極熊因氣候變遷的緣故，喪失食物來源，邁著蹣跚的步伐，在漁民垃圾桶內翻找食物；地球暖化帶來極端氣候變化，風災、寒害、炎熱的氣溫，不僅僅是人類難以忍受，地球生態更遭受嚴厲地衝擊；甚且還有人類之間的對立引發的恐怖攻擊與戰爭，讓地球生態危機迫在眉睫。但地球的未來不是只有少數人要煩憂，而是與我們每一個人的生活息息相關。地球只有一個，現在地球日益惡化，如果我們仍無動於衷，沒有做好愛地球、愛和平的事情，那麼地球就永遠沒有療癒的一天。

心道法師說：「世間所有一切好壞，都與心的造作有關，我們若要地球平安無災，不再受到戰爭與衝突、資源浪費的威脅，就要從心開始轉換，藉由生命與靈性教育的學習，認識自己的心，回歸寧靜的原點。從自身做起，推廣至他人，開啟善的循環，從而引發和平的共振力量，使地球能獲得永續與和平。」

從創建世界宗教博物館、成立國際NGO組織「愛與和平地球家」（Global Family for Love and Peace），到啟動生命和平大學計劃，心道法師多年來於國際間推動跨宗教交流、對談，一直在播撒愛地球、愛和平的善種子，希望這善種子能長成大樹、開花結果，讓地球與人類都能平平安安地永續發展。

二〇一七年，靈鷲山除將「慈悲與禪」的宗風落實在弘法、教育、生活中，持續開展四期教育的成佛道路，在日常生活中實踐「愛地球、愛和平」運動更成為靈鷲山上下共同的行動。從各地講堂課程強調生活化學習，六項生活原則的提出與實踐；再到德國與緬甸兩場生命和平大學智庫會議的召開，以及在十月舉行兩場的生命和平音樂會，宣布生命和平大學正式啟動等等，都在呼籲人們重視地球當下危機，從自身做起，從靈性與生命教育著手，融於日常生活中，讓愛地球、愛和平成為一個普及於大眾的生活運動，期盼將和平的種子，深植眾人心中，為地球和平留下永續的火種。

一、以慈悲救護地球

靈鷲山為觀音道場，一直以觀音法門為依歸。尤其現今地球危機日益嚴重，心道法師認為世界上之所以有許多的暴力衝突與生態危機，源頭在於心的貪瞋癡。我們唯有效法觀音菩薩慈悲喜捨的心，將慈悲的大門打開，從自身做起，轉換內心，培養對萬物的慈悲心，正確認識我們生命的藍圖與歸屬，才能使自己與他人都能過著離苦得樂的生活。所以，靈鷲山每年的水陸空大法會、大悲閉關21日，還有國內外慈善活動，都是對觀音法門的實踐，也是對愛地球、愛和平的落實。

（一）〈大悲咒〉共修

〈大悲咒〉是利益眾生、離苦得樂的咒，多持可以與觀音菩薩相應，讓我們遠離災難，長養無量慈悲善念，讓一切罪障消除、遠離病難，增長一切善法功德、成就一切善根。靈鷲山各地講堂每月定期舉辦〈大悲咒〉共修，並從二〇一二年開始舉辦「大悲閉關21日」，就是希望藉由共修〈大悲咒〉的力量，啟發人們善念，轉換內心貪瞋癡，祈願地球和諧無災。

今年「大悲閉關21日」，有兩大特色：一為閉關學員全程受持八關齋戒，淨化身口意。二為首創大悲菩薩班，於閉關期間，每人每日挑戰一千〇八十遍〈大悲咒〉，成員由持咒超過十萬遍以上、每天持誦超過三百遍的大悲行者所組成。圓滿日當天，總共完成超過兩百萬遍的〈大悲咒〉，迴向地球平安。

十一月初，秉承師心願力，靈鷲山護法會臺北市A區會在大安森林公園舉辦第三屆大悲行腳活動，一千多位善信虔誠持誦〈大悲咒〉繞行大安森林公園，梵音繚繞中，不只沉澱參與者的心靈，淨化公園磁場，並在「臺北有愛、地球平安」聲中，共同祈願地球平安、和諧。

（二）第二十四屆水陸空大法會

靈鷲山水陸空大法會，秉持著心道法師於塚間苦修所發的悲心願力，以「悲願、嚴謹、平等」的大普施精神，致力將水陸法會打造為生命和解的大平臺，期盼人們在真心懺悔下，啟發一念善心。只要每個人都有善心、善念，日常所作所為自然會依善而行，不會與眾生產生不好的連結，讓生命和解，地球自然和平無諍。

今年為靈鷲山第二十四屆水陸空大法會，以「日日齋戒心、生活簡單過」為主題，讓所有參與法會的信眾、志工都能落實「齋戒、布施、懺悔、簡樸」的生活原則，達到維護地球環境永續。法會首日，邀請桃園地區諸宮廟，舉辦「宗教聯合祈福會」，心道法師與各宮廟代表人及桃園鄉親共同點亮天燈祈願，以宗教團結和諧的共振能量，為八天七夜的水陸法會揭開序幕。

除了法會如禮、如儀啟建，為了推廣愛地球、愛和平理念，靈鷲山特別與科技公司合作，引進機器人Zenbo擔任愛地球與愛和平的大使，以互動遊戲與問答方式，在水陸現場引導信眾了解地球目前所受到的生態破壞與心和平的重要性，喚醒人們對於愛與和平的覺醒。並邀請插畫家繪製愛地球愛和平的大型展版，布置在會場入口兩側，用溫暖療癒的畫風，配合靈鷲山愛地球與愛和平的理念，藉由多元表現，加強對愛與和平的推廣與實踐。

心道法師說：「我們的世界是生命共同體，每一個生命都是彼此相互連結，而水陸法會的目的，就是讓大家以善緣凝聚起來，守善業、常利他，過清淨簡樸的生活，共振出良性循環的能量，讓生態永續，地球平安。」

（三）生命和平音樂會

愛地球要有方法，就是維護「多元共生、相依相存」的全球生態體系。這不是說說或是只做環保而已，要真正做到，唯有先淨化我們的心。所以，我們不分國家、地區、種族、宗教，用專業建立起一套善業的生活，並推動到學術、政治、經濟等各方面，大家一起凝聚愛地球的共識，做好和平教育的實踐與推廣，以宗教來覺醒人心的良善循環，改變地球磁場，恢復自然生態，地球才有可能恢復健康。

靈鷲山於十月分別在高雄社教館與臺北國際會議中心舉辦兩場「生命和平音樂會」，以「一秒愛地球、和平心世界」為主軸，強調一念善心的啟發與共振效應，希望大家細思自己可以在日常生活中做些什麼，讓世界更美好，凝聚每個人愛護地球的善念，時時傳播正能量影響身邊的人，用正念將善的能量傳送到世界各地。

生命和平音樂會透過音樂演奏、平安禪的帶領，心道法師於會中以「愛地球、愛和平」為使命，宣告「生命和平大學」正式啟動，邀請各界共同參與這個新生活運動，希望從靈性教育播下愛和平的種子，培育新一代成為以願力貫徹「愛地球、愛和平」的領航者，共振出善循環的能量，達到相依共存、多元共生的地球和平目標。

（四）慈善志業

靈鷲山的慈善志業以愛心、慈悲心服務社會的生命關懷理念為宗旨，以守護心靈、互助共濟的精神，開展出生命關懷、生命救護，以及生命教育等工作。其中，生命關懷主要集中在生老病死的關懷照護，生命救護則以急難救助與醫療義診、衛生教育為主，而生命教育工作則為普仁獎的設立與弄曼沙彌學院生活教養計劃。總之，靈鷲山的慈善志業是為了讓生命獲得更周全的照護，讓人人都能獲得生命的安樂。

今年慈善志業的實踐，以普仁獎與緬甸醫療義診為主。其中，普仁獎的設立，始於心道法師在二〇〇三年設立以「生命教育與品德教育」為主要推廣的「普仁獎學金」，期盼開啟社會善的循環；二〇一一年，擴展為全國性評選，更名為「普仁獎」，迄今已歷十四年。「普仁獎」藉由嚴謹用心的甄選過程，於每年的十二月起，由靈鷲山慈善基金會協同靈鷲山護法會各區會於臺灣各地舉辦地區普仁獎的頒獎，並於隔年從各區獲獎學子中遴選全國普仁獎的獲獎學子。尤其今年有三位全國普仁獎學子榮獲全國總統教育獎，更是對普仁獎的一種肯定。

而弄曼沙彌學院生活教養計劃，今年，靈鷲山慈善基金會先後與臺灣口腔照護協會、長庚醫院、福智僧團等團體合作，前往緬甸進行醫療義診與基礎衛教服務。並透過過往急難援助時，與當地所累積的善緣，加強了各項義診的需要性，靈鷲山從義診初期即先派遣人員與當地醫護人員座談，了解各項需求，勘查場地，之後更協助義診團了解當地居民生活、飲食習慣，進行更貼切的診治，並以印有中、緬文的衛教檔案夾，進行衛教宣導，充分運用當地的善緣來實踐生命關懷的工作。

二、以禪轉動心的和平

禪修，能讓我們找回靈性，體悟到生命是相依相存的大整體，明白如果我們傷害了其他事物，也會影響到自己，所以想要自己好，就要對萬物好。因此，心道法師一直致力禪修推廣，希望將這股靈性的力量帶給世界各地，實踐愛與和平的願景。

靈鷲山除了常住僧眾每年舉行春、冬安居閉關，近年來，為了讓習禪行者對平安禪法有更系統、深入的認識與體驗，具足正見、正知的態度學習平安禪，靈鷲山結合講堂與無生道場的禪修資源，發展次第更明確的平安禪課程與禪修活動。此外，還有禪法工培訓課程，透過禪修提煉內在寧靜的和諧態度，對禪修法儀清楚認知，成為守護禪修閉關者法身慧命的禪法工。至於校園心寧靜運動，獲得國內中小學校園師生的歡迎，今年推廣至海外，於馬來西亞、泰國等地舉辦心寧靜推廣教學。

此外還有「綠禪食」課程，以食農、食養、食禪為主軸，落實綠禪食的觀念，課程內容從「綠禪食理念」到「食農環保」再延續如何「食禪」，從產地到餐桌，內容豐富多元，教大家吃出健康自然的飲食等。

（一）春、冬安居閉關

靈鷲山舉行春、冬安居精進閉關，希望藉由安居閉關，讓常住僧眾斷絕外在紛擾，靜心精進，止息妄念煩惱，學習如何在行住坐臥中攝心觀照，養成禪修的慣性，時時不忘收攝內心。

其中，春安居以禪修閉關為主，參與者藉由坐禪、行禪、疾走、過堂、出坡，培養禪修的慣性，依照平安禪四步驟的引導，攝心觀照，止息一切外緣，向內仔細守護、觀察自己的心，明白什麼是心、找回心的本來。

冬安居則包含了華嚴法會、禪修閉關、研戒暨徒眾講習會三部份。華嚴法會是共修《大方廣佛華嚴經》，從誦經中了解諸佛世界觀與佛果地的呈現，告訴我們如何修行，讓心成就，達到佛的境界；而禪修閉關則為靜心禪坐，整理內心思緒，掃除妄念，讓心歸零；研戒，為僧眾對戒律的研討，明白每條戒律的意義，並用於日常生活實踐。

（二）平安禪

心道法師根據自身修行體證，創立以聽寂靜為主的平安禪，藉由「調息、靜心觀照、覺知出入息、聆聽寂靜」四步驟，帶領人們寧靜下來，讓心和平，在眾生心中植入一顆寧靜的和平種子。

靈鷲山從二〇〇二年開始推廣平安禪，教導大眾只要在日常生活中，時時專注，清楚覺知、觀照，就能享受禪修，讓身心寧靜。今年，靈鷲山於全臺各講堂開設八堂課的平安禪基礎、進階課程，並在無生道場每月舉辦基礎禪三、進階禪七、以及精進禪二十一等禪修活動。此外，也分別在花蓮、臺東兩地舉辦戶外禪修生活體驗為主的旅行禪，讓禪者在山海間感受天人合一的寧靜與直指心靈的感動。

（三）國際禪修推廣

二〇一七年，心道法師分別在德國、上海、北京等地展開國際禪修推廣，指導平安禪法，結合行禪以及心道法師的獨特心法——寂靜修，讓學員在禪修的過程中，更能攝心定慮，體會禪修的奧妙。

今年五月，心道法師第五度受邀前往德國法蘭克福、慕尼黑等地教授禪修。首站前往法蘭克福的新磨坊禪修中心（Neumuhle Meditation Center），接著前往慕尼黑的本篤禪修中心（Benediktushop Meditation Center），最後至慕尼黑的多明西聯

（Domicilium）禪修中心。另外，心道法師也分別在七月與十月，在上海、北京舉辦三日禪，教導學員如何運用禪修看見心的本質，做到了解空性，用空性消融生死煩惱；在生活中能更慈悲，用慈悲的心服務奉獻，做好生命的因果，期勉學員養成坐禪的習慣，從自我做起，讓自己與世界都能充滿慈悲與和平。

（四）心寧靜教師團

現代社會因為資訊流通迅速，人們接觸過多繁雜的資訊，容易沈迷於對外物的追求，失去對內在的探索，造成人心常受外在影響而躁動不安。尤其年輕學子更加容易分心、浮躁，使得學習效果不彰。心寧靜教師團以寧靜口訣：「深呼吸、合掌、放鬆、寧靜下來、讓心回到原點」，作為校園心寧靜運動的教學，也透過教案設計與實際經驗分享提升教學成效；在寧靜手環以及寧靜之歌引導下，認識心寧靜，並帶入情緒教學的策略運用之中，運用於課堂或個人。

靈鷲山自二〇一一年開始舉辦心寧靜教師研習營，將心寧靜的理念與運動推廣到校園中，期盼讓師生都能透過心的觀照與行的覺知，體驗寧靜的力量。今年更推廣至海外，在馬來西亞、泰國舉辦心寧靜推廣教學活動；另外，在臺灣更往下扎根，從幼兒開始播種，臺中、雲林地區的幼兒園園長加入心寧靜教師團的團隊，讓寧靜的力量在幼小的心靈發芽茁壯。

三、和平是我們要共同去走的路

心道法師說：「愛地球、愛和平不是口號，是有方法與次第的。我們透過禪修、對話、靈性與生命教育的學習，讓心時時回到原點、常保寧靜，回歸生命的和平，並且擴展到與他人的和平、與自然的和平、與一切眾生的和平，自然能讓生態永續，地球平安。」靈鷲山一直以來，致力於轉換人心、喚醒靈性，追求和平的工作。近年來，心道法師於國際間尋求跨宗教的協力合作，推動籌建「生命和平大學」，作為培育愛地球、愛和平種子的實踐機構。今年，心道法師於德國、緬甸召開兩場的生命和平大學國際智庫會議，也特地前往梵諦岡會晤教宗方濟各，邀請天主教加入生命和平大學計劃，共同為愛地球、愛和平奉獻心力。

另外，今年靈鷲山與天主教廷梵諦岡合作舉辦第六屆佛教徒與基督徒對話國際研討會，思考宗教界如何轉化暴力的根源，使世界不再紛爭、對立，共同朝世界和平的境界努力邁進。

（一）世界宗教博物館

位於新北市永和區的世界宗教博物館，為一座以宗教為主題，宣揚「尊重、包容、博愛」多元和諧共生的理念型博物館。今年十一月九日，宗博館開館十六週年慶當天，也同時舉行登記授證、揭牌儀式，成為國內首座在《博物館法》立法後，通過嚴格審查認證，成功登記立案的私立博物館，給予宗博館極大的肯定。

一直以來，世界宗教博物館以生命教育與世界宗教文化為主軸，宣揚愛與和平的理念。除了十大宗教常設展以外，每年也都會舉辦許多精緻的宗教、文化特展，以及相關講座活動，讓參觀者了解各宗教信仰，體驗多元文化觀，極富生命教育意義。

今年，宗博館陸續推出「悲智境相：洛桑龍達上師・青海熱貢唐卡藝術展」、「繡裡乾坤——寺廟繡品的故事」、「愛與光——聖經繪畫故事」等特展，透過唐卡、刺繡、繪畫等不同藝術形式，展現各宗教的文化與信仰傳統。同時搭配相關講座、手作課程，寓教於樂，加深參訪者對於各宗教信仰、文化的認識，從中培養如何看待多元文化的和諧、理性觀念。

心道法師說：「宗博的使命，就是『愛地球、愛和平』。從孕育、誕生到成長，都是以愛與和平，連結跨宗教的善治與慈愛，推動『尊重每一個信仰、包容每一個族群、博愛每一個生命』的生命教育，呈現宗教文化藝術的美善，創造寬容博愛、和諧共生的世界。」

（二）國際交流

心道法師長年致力於推動各宗教間的對話與交流，宣揚愛與和平。天主教教宗方濟各多次呼籲眾人一同愛護地球，倡議加強國際間的對話、走非暴力的路，強調生態教育與靈性教育的重要，與心道法師多元共生、相依相存的華嚴理念相契合。

今年五月底，心道法師前往梵蒂岡會晤教宗方濟各，邀請教宗一同參與「生命和平大學」計劃；同時拜會天主教梵蒂岡宗座宗教交談委員會首席樞機主教陶然，表示希望與天主教一起連結，團結各宗教，喚醒人類靈性覺醒，以慈悲心搭起世界和平的橋梁，推動「愛地球、愛和平」。

十一月，靈鷲山與天主教梵蒂岡宗座宗教交談委員會、天主教會臺灣地區主教團、佛光山、佛教慈濟基金會、新北市佛教會等組織合作於下院聖山寺舉行的「第六屆佛教徒與基督徒對話國際研討會——佛教徒和基督徒並肩同行，走非暴力之路」，與會各宗教代表經過討論後，一致認為各宗教在面對暴力的立場是一致的，都是希望用愛與慈悲的實踐，走非暴力的路，用愛療癒地球、用教育推廣實踐，致力人心淨化，讓當下就是天堂、淨土，強調行動、實踐的重要性。

（三）生命和平大學是愛地球的實踐計劃

心道法師曾說：「『以禪實踐生命教育』，是靈鷲山的DNA。」「愛地球、愛和平」是靈鷲山推動生命教育的內涵與目標，在尊重、包容、博愛的精神中，以禪的視覺認識、了解與體現生命的多元，以及生命彼此間和諧共生、相依相存的無礙法界。心道法師成長於動亂的時代，「愛與和平、地球一家」是他一生追求的目標，為了實現這個目標，師父提出創建「生命和平大學」的構想，希望透過靈性覺醒的教育，讓世人認識到地球毀滅的迫切危機。心道法師說：「知道就會覺醒，也就可以找出讓地球健康的方法。」生命和平大學就是結合學術、宗教、企業、政治共同推動「愛地球」的全球運動。

今年靈鷲山舉辦了兩場生命和平大學國際智庫會議。五月底，心道法師與多位來自不同專業學術領域的國際學者們，在德國雷根斯堡召開第一場「生命和平大學智庫會議」。由德國慕尼黑大學Michael von Brück教授主持，同時還有多位歐洲智庫級教授，以及前哈佛大學宗教研究中心主任蘇利文教授（Dr. Lawrence E. Sullivan）等與會。經過眾人熱烈討論後，生命和平大學將以靈性教育為背景，立基在愛地球的理念上，開始著手進行建構全球生態倫理規章、推動全球性相關組織的策略聯盟，以及規劃未來課程的綱要、多元領域教授團的建制，制訂學生入學的選定原則、語文等，以培育具人文關懷、多元專業、思考、創造、執行力的教育傳承為主。

第二場「生命和平大學智庫會議」，則在九月於緬甸仰光召開，會後並前往臘戌弄曼參訪大善園寺沙彌學院。此次會議邀請來自德國、美國、緬甸、菲律賓、北京、臺灣各地的專家學者，針對第一場會議的理念進行延伸，進入課程內容討論，設計「生命和平教育與學習系統」，透過實體與雲端方式，以中、英、緬文授課，用專業探討地球的問題，提出確切可行的和平與永續發展方案，為生命和平大學未來的課程綱要，做初步建制。

此外，生命和平大學的前期計劃——弄曼沙彌學院，於二〇一六年七月成立以來，已經邁入第二年，目前已收養三百多位孩童，沙彌學院以教育為中介，協助這些貧苦的孩子走上正道，讓他們受到教育與照顧，成為社會善的力量；也希望藉此將和平的善因植入眾生心中，當這些善種子逐漸發芽茁壯後，將會成為愛地球的和平使者。

四、教育為實踐愛與和平的鑰匙

靈鷲山十分重視教育傳承，強調佛法教育就是生命的學習，讓我們認識生命、找回生命的源頭，知道什麼是生命真正的價值。在課程開設與教授上，以宗風「慈悲與禪」為理念，以日常生活為實踐重點，期盼透過對生命的真正認識，達到愛地球、愛和平的願景。

（一）四期教育、經典開門系列

四期教育是心道法師根據自身修行體證，提煉佛法精華，所做的傳承佛陀圓滿法教的學習，更是靈鷲山對地球和平的實踐。總共分為阿含、般若、法華、華嚴四期，用入世、生活的角度，啟發人人對世界的關懷與愛心，體會萬物為生命共同體，認識生命的真諦，回歸心的本來，發自內心愛萬物、愛地球，讓人我之間沒有衝突與紛爭，達到世界和平。

為推廣四期教育，靈鷲山分別於六月、十月在各地講堂開設阿含期初階主題課程與進階主題課程，以教授《初轉法輪經》、《無我相經》為主，配合認識因果業力、輪迴、四念處、八正道等佛法主題，將宗風「慈悲與禪」融入其中，運用到日常生活。另外，靈鷲山也分別在雲南、河南、新加坡、馬來西亞等地舉辦多場的四期教育營隊課程，藉由次第性的課程架構，使學員能更了解四期教育，並且落實於生活實踐中。希望透過教育的傳承，將靈鷲山「慈悲與禪」的宗風理念通過愛地球、愛和平的使命，傳遞給大家，共同攜手讓世界充滿愛與和平。

永和的慧命教室開設「經典開門・智慧列車」講座課程，每月一次，延聘法師與講師，講解《佛說阿彌陀經》、《金剛般若波羅蜜經》、《般若波羅蜜多心經》、《大悲心陀羅尼經》、《慈悲三昧水懺法》等經典，結合靈鷲山理念與生活化，讓聽者更了解經典的內涵，於生活中落實。

（二）愛地球六項生活原則

心道法師說：「我只是一個會禪修的和尚，為什麼我要做愛與和平的事？因為我由禪修中，發現到慈悲心，想要為眾生做些事情。那時我看到了宗教的不和諧，所以發願建設世界宗教博物館，讓宗教之間產生尊重、包容，從而共同創造出一個多元共生的博愛世界。因為愛，我們不傷害，彼此的衝突與戰爭就能減少、甚至消失，所以世界才能和平、地球與人類才能永續。」提倡由生命覺醒出發，用愛療癒地球，推廣愛與和平的理念，為地球盡一份心力。

靈鷲山從今年二月，由僧眾先開始，舉辦首場徒眾講習會，討論如何在生活中實踐靈鷲山的愛地球六項生活原則——「一心、二愛、三好、四給、五德、六度」。接著，五、六月時舉辦兩場職工宗風共識營，於會中討論後，集結出三十四條行動方案，從生活中開始做起，每天給人微笑、隨手關燈、節約用水、盡量搭乘大眾運輸工具等，愛地球就從生活中一點一滴做起。

今年，靈鷲山自發性地認養新北市貢寮區的石碇溪海岸步道，每月一次，號召社會大眾一同前往淨灘，希望結合志同道合的人一起行動，為環境、生態保護做出積極的奉獻。

（三）龍樹教育

靈鷲山在二〇一六年啟動「龍樹EPL生命和平教育課程」計劃，以三年為一期，讓學員在靈性與生命和平教育的教導下，明瞭世間為生命共同體，種下愛與和平的種子，與萬物和諧共處。

今年，龍樹EPL課程邁入第二年。在前一年的基礎下，陸續開設禪修、靈性等實作課程，培養學員經由禪的學習，認識己心，回到心的寧靜與和平。首先，四月在靈鷲山無生道場舉行禪修閉關實修課程，內容為兩天禪修課程與三天實修，主要教授平安禪、共修《金剛般若波羅蜜經》、行禪，認識禪的傳承與心的本來，讓學員們經由實修，體驗禪堂日常，感受到禪在生活中的無所不在，在理論與實踐並重下，認識自已的心，種下清淨的和平種子。

八月在無生道場舉辦第二年的第一學期課程，延續禪修對心的收攝與內化，進一步認識因果緣起，培養學員們正信正見的觀念，讓學員明白共享、共生的重要性，創造出可行的行動方案，與靈鷲山愛與和平理念相呼應，進一步讓這顆靈性與和平的種子深化。至十一月，龍樹EPL學員隨世界宗教博物館安排前往印度、尼泊爾進行海外朝聖行程。在朝聖行程中，每位學員每日持誦一部《普賢行願品》安定自心，朝聖團一路走訪藍毗尼、舍衛國、拘尸那羅，在鹿野苑誦經繞行塔三匝表示敬意，並於菩提迦耶進行供袈裟、供燈，供養於塔內修行的法師，最後則至靈鷲山（耆闍崛山）、毘舍離等聖地參訪。

結語：實踐為啟動和平的良方

回顧二〇一七年，這一年靈鷲山在弘法上、生活中加強實踐「愛地球、愛和平」運動，例如六項生活原則的推動、愛地球九大生活主張，這些雖然只是生活習慣的小轉化，對於地球的未來卻是有巨大影響。

每年靈鷲山水陸空法會的啟建已經成為宗教界的盛事，除了天主教、基督教、道教、民間信仰等不同信仰共襄盛舉此一盛會，更是佛教三乘傳承同聚所啟建的殊勝法會，大眾同在水陸法會這個生命和解的大平臺，轉換生命的記憶體，與冤親債主解冤解業，創造未來更好的生命連結。二〇一八年，靈鷲山水陸法會將啟建第二十五屆。心道法師期許靈鷲山水陸法會一直傳承下去，繼續以法供養攝受眾生，讓佛法的香火不斷。我們將以師志為己志，繼續以「悲願、嚴謹、平等」的大普施精神，用最縝密謹慎的態度，遵循古禮，依時、依辰、依典制，如法如儀啟建此一殊勝法會。

二〇一八年靈鷲山即將邁入開山三十五週年，這是一個成熟、有經驗、有行動力、能擔負起改變世界責任的團體。靈鷲山自成立以來，一直是社會上善的力量、推動善的循環，透過「慈悲與禪」的宗風，轉化對立與衝突。在價值崩壞、地球生態深陷危機的當代，心道法師提出「生命和平大學」計劃，希望創建一所擔負起推動「愛與和平」、培育和平種子的實踐機構。從教育著手，喚起世人正視地球面臨的危機，並從靈性的角度出發，以專業的知識與態度解決地球危機。做為地球家的一份子，這是靈鷲山的使命與責任。我們除了轉換自己的觀念，建立起愛地球的正確知識與觀念，在生活中一點一滴實際行動；更要踏出舒適的生活圈，帶動社會各界共同響應愛地球、愛和平運動。

壹月

January

元旦迎曙光 福隆搶先「鷄」
敲響內心的和平鐘聲

↑慇慧法師與交通部觀光局長周永暉帶領民眾敲響和平鐘，在鐘聲中互道新年快樂。

交通部東北角暨宜蘭海岸國家風景區管理處於新北市福隆地區舉辦「福隆迎曙光」的跨年慶祝活動，靈鷲山亦配合於下院聖山寺舉辦「敲響和平鐘」祈福儀式與祈福音樂會。這是東北角風管處連續第八年舉辦元旦迎曙光活動，吸引許多年輕朋友在跨完年後，前往福隆海水浴場迎接新年的第一道曙光。在福隆沙灘現場亦有靈鷲山法師帶領民眾進行一分鐘平安禪，在寧靜的氛圍中，陪伴民眾迎接曙光。

靈鷲山今年舉辦「敲響和平鐘」的祈福儀式，由交通部觀光局長周永暉與靈鷲山法師共同帶領民眾敲響和平鐘。在「暮鼓晨鐘許九願」的九響悠揚鐘聲中，現場民眾紛紛響起掌聲，互道「新年快樂」，歡慶二〇一七年第一天的到來。

↑元旦當天，從聖山寺上方所灑下的光芒，令民眾驚嘆且感動。

上午於靈鷲山聖山寺舉行的祈福音樂會，邀請皇娣女子樂團以傳統樂器結合現代的祥和樂音，呈現最具能量的祝福。聖山寺也提供現煮的平安粥、福圓茶，供遊客、信眾享用，並邀請民眾至金佛殿禮佛、點燈，祈願在新的一年好運連連、心想事成。

靈鷲山臘八粥送鄉里
呷平安 迎富貴

↑靈鷲山法師帶著熱呼呼的臘八粥，為在貢寮國小的師生暖心添福。

農曆臘月（十二月）初八為釋迦牟尼佛成道日，靈鷲山下院聖山寺舉辦「臘八粥送鄉里迎平安」活動，由靈鷲山法師以及多位志工等，親送三千碗臘八粥及春聯至貢寮地區的學校、政府機關，感謝當地民眾對靈鷲山的支持與愛護，同時關懷社區老人，祝福來年平安吉祥。

靈鷲山法師及志工從前一天就開始浸米、備料。在初八凌晨，以大悲水及日前在華嚴法會加持過的糯米，加上紅豆、綠豆、白木耳等食材，細心熬煮、分裝成一碗一碗的臘八粥。

今年送臘八粥及「吉星高照」春聯總共分為兩條主要路線，包括貢寮區公所、警分局、郵局、貢寮消防分隊、貢寮福隆公共托老中心、東北角暨宜蘭海岸國家風景區管理處、中華電信貢寮服務中心、臺電龍門施工處、海巡及岸巡大隊、澳底老人會、里辦公室、貢寮國中、貢寮國小、澳底國小等，讓在地居民、師生共享佛粥庇蔭，也感謝當地機關團體的協助。

歲末一碗暖暖的臘八粥，除了暖心，更增添福氣。

心的博物館 心的市集

體驗生命 喚醒心靈的覺知

↑心的市集，用環保、綠化呼應心道法師「愛地球、愛和平」的理念。

歲末年初，世界宗教博物館為關懷弱勢，呼應心道法師「愛地球、愛和平」的理念，在永和比漾廣場一樓以及宗博館的朝聖步道、金色大廳舉辦「心的博物館・心的市集」系列活動，讓民眾透過分享與參與的交流，體驗心與心交換的場域。

心的市集有誠實二手商店、自製手作茶食，展演則有「幽法ufa」萬物皆音、「西尤島二重奏」薩滿之歌的演出，以及「曼陀羅石頭」彩繪創作、「尋找力量動物」白鷹醫藥密輪卡探索自我、「覺醒的氣味」讓大眾調配專屬的精油香氛膏、「宇宙能量療癒」等各種心靈體驗攤位。

在金色大廳舉辦的音樂演出，其中「幽法ufa」萬物皆音的音樂，源自於自然山海及田野生活的創作靈感，由此反思生命之間的各種關係；以科技結構組成的電子音樂，加入臺灣東部原住民傳統古調及唱腔，帶給聽者一場真實與虛幻融合的歷程。而「西尤島融合樂團」的薩滿之歌，則呈現出令人無法想像卻又不失人性溫暖的音樂樣貌。這些音樂創作與演出，為參與民眾帶來源自心靈更深邃的音樂風景。

↓小朋友專心在石頭上畫出心中的曼陀羅。

傳承佛種 奉獻生命

全國委員歲末感恩聯誼會

↑全國護法委員回家見上師，齊心傳承佛種，奉獻生命。

為感謝靈鷲山全球各地的護法委員，在過去一年為教團、眾生的奉獻與服務，靈鷲山護法總會特別在下院聖山寺善法大樓舉辦全國委員歲末感恩聯誼會。雖然當天冷氣團來襲、氣溫驟降，但四百多位委員依然熱情不減，齊心一念回到靈鷲山。

活動首先由護法會西區A區敦煌舞團帶來精彩的「千手觀音」，之後邀請二〇一六年授證的新科委員上臺，眾人報以熱烈掌聲歡迎加入佛法家庭，同為傳承佛法、利益眾生而奉獻服務。每年全國委員歲末感恩聯誼會，都會從各區會中選出一名在接緣勸募、精進學習、傳承培育、區會活動、個人修持、生命關懷等各方面的表現足為典範的委員為年度佛法大使，每位委員一生只能獲得一次殊榮，今年共有十一位委員上臺接受心道法師授勳表揚。此外護法總會也藉此恭請心道法師表揚委員的「依教奉行獎」，勉勵委員做好接緣、服務與修行的工作。

歲末感恩聯誼會高潮迭起，護法會高屏A區也帶來勤練兩個月的「祥獅獻瑞」表演博得滿堂彩。聯誼會最後恭請心道法師為眾人開示：「師父幫大家把四期教育的基礎航道都鋪好，大家把阿含、般若、法華、華嚴學好，好好的發菩提心，以生命奉獻生命、以生命服務生命。內修無我、外修慈悲，發願作為委員，傳承佛種，成就佛淨土。」

↓各區護法會選出的年度佛法大使，是委員的楷模。

推動愛與和平的大平臺
心道法師於全國委員歲末聯誼開示

每年看見大家回山的時候，我都覺得非常溫馨，也非常感恩。希望大家回來的時候，有一種回家的感覺。身為護法會的委員，在這份生命共同體的學習當中，我們學習讓內在達到無我，而慈悲要做到無我的慈悲，才是圓滿的慈悲。可是我們總是先看到自己、看到我，生起很多障礙與煩惱。一切的我執都是煩惱的窩。所以我們要先去我執，怎麼做？從坐禪開始。

↑心道法師期勉護法委員要用無我的慈悲去圓滿生命。

我們總是執著在物質欲望裡，無法超脫，所以我們用阿含的教育替大家鬆綁，體悟所有一切的物質欲望都是「空」，也就是體悟「有」其實是空。我們要先破「有」這個觀念，阿含期的教育會讓我們慢慢了解物質的結構，了解「沒有」的結構。學佛首先要破「我執」，因為我們的執著跟罣礙都是「沒有」，也就是空。「有」就是思惑，是思想上的迷惑，所以把思想上的迷惑搞清楚以後就「沒有」了，就可以斷思惑。

我們總是有很多的見解，而每一個見解，都會造成我們的煩惱。所以四期教育的第二個就是般若期，般若就是要破大家的見解。有見是不自在的，會被見綁住了，叫做見惑。學佛首先要斷思惑、要斷見惑。般若是幫助我們斷見惑，阿含則是幫我們斷思惑。再來是如何讓我們願意長遠的發心，用長遠的生命救度眾生，這是我們在法華期所要學習的。我們在行菩薩道時，首先必須要發長遠的菩提心，把菩提心做到圓滿。發心之後，要遍學，遍學就是一切處都要去學。在遍學以後，就要遍知，也就是全知的意思。

當開始發了菩提心以後，就要好好的學習怎麼去成就眾生。如同諸佛菩薩從發菩提心開始，到成就佛國淨土，用長遠的生命做奉獻生命、服務生命的事。在利益眾生成佛的時候，我們整個生命就會是健康、沒有後遺症的，這是法華期的學習。發菩提心之後，要廣學多聞，在廣學多聞裡，就會成就華嚴世界。

師父幫大家把四期教育的航道鋪好，大家把阿含、般若、法華、華嚴學好。我們不僅要內修無我、外修慈悲，更要發願作委員，不斷的傳承佛種，創造自己的佛國淨土。大家能夠共同走這條願成佛的道路，是很幸運的一件事。

在未來，師父想要推展生命和平大學，要跟學術界做連結，跟宗教界、商業圈、政治界合作，讓不同領域的每一個人，都能共同博愛生命、推展愛與和平的運動。現階段的世界宗教博物館，讓我們學習到尊重每一種信仰、包容每一種族群；而未來，生命和平大學則進階到博愛每一個生命，將會成為愛地球、愛和平的平臺。世界宗教博物館連結了各個不同的宗教，讓各宗教都能和諧共存；而未來的生命和平大學，連結的面向會更廣大。我們希望透過生命和平大學以及世界宗教博物館的推動，讓人類能夠和諧安定，讓人類永續、地球永續。

緬懷泰王
雲南鄉親萬人追思會
再續泰北感恩情 成就生命的善緣

↑心道法師感謝當年張國杞團長與其夫人的顧念之恩。

二〇一七年海外弘法的第一站，心道法師首先來到新加坡，與當地信眾見面，並為大眾開示。心道法師希望信眾們多到佛堂共修，彼此互相鼓勵、分享學習的經驗，連結師父的禪修與教育，讓共修的力量更強大，一同讓心回家。

之後，心道法師受「雲南鄉親萬人追思籌備委員會」之邀，特地前往泰北清邁府芳縣黃果園村九世皇紀念廣場，參加「泰王百日追思暨跨宗教祈福會」，現場心道法師帶領大眾以九分鐘平安禪，用寧靜的心追思感念泰王拉瑪九世蒲美蓬（Bhumibol Adulyadej）對人民的慈仁。這場追思會有近兩萬人參與，包括當地居民以及清邁省長、泰國軍方代表、皇家農場財政主管、泰國拉祜協會會長等多位重要貴賓。各界宗教人士也紛紛前來致意，包含伊斯蘭教、基督教、道教、泰國佛教等，以各自的宗教儀式來表達對泰王的緬懷與祝福。

心道法師與泰北的因緣，自幼時從軍開始，一路隨軍從緬北來到泰北，當時的國民軍能留在泰北落地生根也是得自於泰王的援助，而師父則是因為九三師張國杞團長的決定，才使師父得以搭上最後一班班機來到臺灣。心道法師為感謝張師長與其夫人當年的顧念之恩，以飲水思源的心境回饋鄉里，對泰北當地的教育與社會，不論是校園建設或宗教活動都十分關心，並常襄助建設、發展。

心道法師曾說：「身處在戰後遺孤生活的地區，才體會到愛與和平的可貴與重要。如果我們的內心沒有和平，這個世界就不可能和平。心的和平，是從內心的安定開始，期盼大眾都能透過聆聽、對話、交流與合作，打破隔閡、化解誤會，一起來營造尊重、包容與博愛的共生世界。」

↑泰北的人民感恩泰王的慈仁。

第十七屆青年佛門探索營

在山海寧靜中 找回最原始的心

↑年輕學子在營隊中互相結識正面、積極、樂觀、愛心又有願力的五德好朋友。

靈鷲山第十七屆的「山海行者—青年佛門探索營」於無生道場展開為期五天的佛門生活課程。有來自世界各地的青年來山體驗寺院生活，在遠離塵囂的靈鷲山，體驗修行生活。

靈鷲山安排學員五天的寺院作息，與道場的常住相同。讓學員透過出坡、早晚課共修、寧靜禪修、朝山以及佛法課程，學習與自己相處，進而更加認識自己，成就學習的善緣。學員們也在營隊的生活中，結識一群正面、積極、樂觀、愛心又有願力的五德好朋友。

「山海行者」的佛學課程，由代表「行者」風範的靈鷲山法師為學員授課。除了基本的「佛門行儀」外，還包括幸福人生、生命運轉、生命轉彎處的抉擇、呼吸之間、心靈導航、生命的藍圖以及與法有約等佛學課程。

心道法師開示：「學佛就是能夠把佛法散播給許多沒有辦法得到快樂的人，希望他們聽聞佛法之後都能夠快樂，也能夠為找不到生命目標的人，指引他們找到生命的方向。」希望學員透過自身的修行，與營隊的學習，成為佛法傳承的佛子，實踐佛陀慈悲與利他的智慧。

↓第十七屆「山海行者・青年佛門探索營」有來自各地的年輕學子體驗寺院生活。

尼泊爾喜悅基金會捐贈佛像

締結未來永續合作的善行

↑尼泊爾的兩尊千手千眼觀音將安奉於華藏海財寶殿。

尼泊爾在二〇一五年四月發生8.1級百年強震，造成當地非常嚴重損傷。靈鷲山在第一時間即籌組醫療團，並與尼泊爾當地民間組織喜悅基金會（Joy Foundation Nepal）合作於災區展開醫療服務且將大量的醫療物資捐助基金會，給予相關救災人員、災民運用。

今年一月，尼泊爾喜悅基金會會長Mr. Raju Shrestha感念靈鷲山當時給予的援助，特別贈送兩尊千手觀音佛像以表感謝，象徵雙方締結「賑災服務聯盟夥伴」，永續善行。千手觀音佛像的捐贈儀式於靈鷲山華藏海舉辦，首先為現場貴賓說明捐贈佛像的緣起，接著由靈鷲山中壢中心的敦煌舞團為大眾演出「千手千眼觀音」舞蹈；也邀請到第五十三屆葛萊美得主央金拉姆獻唱天籟美聲。

心道法師開示：「尼泊爾是藏傳佛教的傳承，所以我們與尼泊爾的關係，除了地緣，更多的是那份親切的法緣。希望在以後能夠繼續為尼泊爾的人民貢獻，一起關懷眾生。」迎來的千手觀音，未來將與緬甸的國寶玉佛金圓滿發財佛以及泰國的八尊星期佛，共同供奉在華藏海圓通寶殿旁的財寶殿，一同放光照耀、撫慰所有眾生。

↑尼泊爾喜悅基金會會長 Mr. Raju Shrestha 感謝靈鷲山在尼泊爾震災中給予的慈善援助。

吉星高照賀雞年
迎春納福好彩頭

↑新春期間，心道法師親自為來自各地的信眾加持祝福。

靈鷲山新春祈福活動自一月二十八至二月一日在上下院熱鬧展開，邀請大眾到靈鷲山走春迎福氣。靈鷲山開山大和尚心道法師也為今年的春聯墨寶提字「吉星高照」，願大眾在雞年，走吉運，讓吉祥的福星高照著大家，時時都好，四時都好。

新春期間靈鷲山舉辦多項新春活動，從初一到初五在上下院輪流舉辦「新春團拜・與師有約」，邀請各地信眾來山與師拜年，結下生命的善緣。上院聞喜堂二樓財寶天王殿每年禮請藏傳佛教喇嘛啟建財神法會；華藏海一樓甫啟用的圓通殿禪堂讓人體驗禪修的寧靜快樂，左側則有金圓滿發財佛以及特別迎請的八尊泰國星期佛與尼泊爾千手觀音，供民眾禮拜。開山聖殿也提供蓋有平安章的方巾，放入福氣布袋與民眾隨喜結緣，讓信眾帶回家，全家吉星高照一整年。

下院聖山寺開放民眾到金佛殿牽佛手，透過金佛的加持，討個好兆頭；也邀請民眾共修《大乘妙法蓮華經》，為家人好友消災祈福。每年初三至初五在下院舉辦熱鬧喜氣的迎財神活動，心道法師也親臨聖山寺善法大樓現場與大眾共同迎春接福。今年金佛園區廣場還設有「愛地球，許好願」扭轉地球未來扭蛋機，以及多處攤位提供熱食、咖啡，讓民眾在新春期間身心都能得到自在滿足。

心道法師開示：「吉星就在我們的起心動念，如果起心動念是正的，就能產生好的能量，而多做善業就能夠讓我們內在的靈性量子生福生慧。祝福每個人都能存好心、做好事、說好話，產生正面、積極、樂觀、愛心的正能量，讓人類、地球平安。」

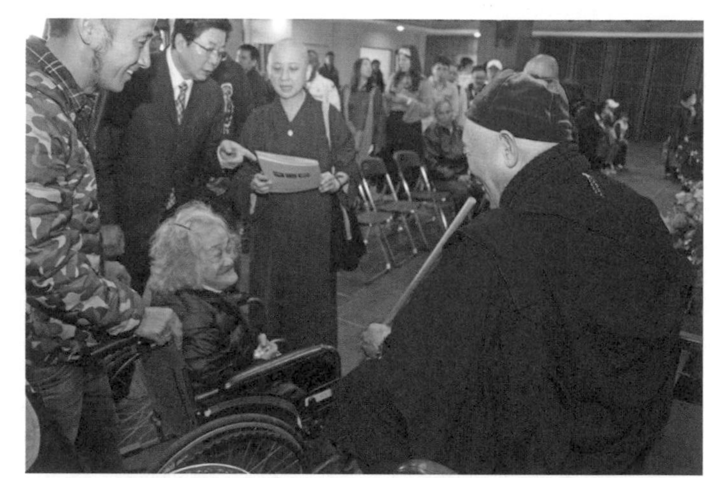

↑新春期間，心道法師為來山所有信眾慈悲加持，給予新年的祝福。

↓長年護持靈鷲山的基隆長興醒獅團，以「祥獅獻瑞」精彩表演，祝福信眾在新的一年接富又接貴。

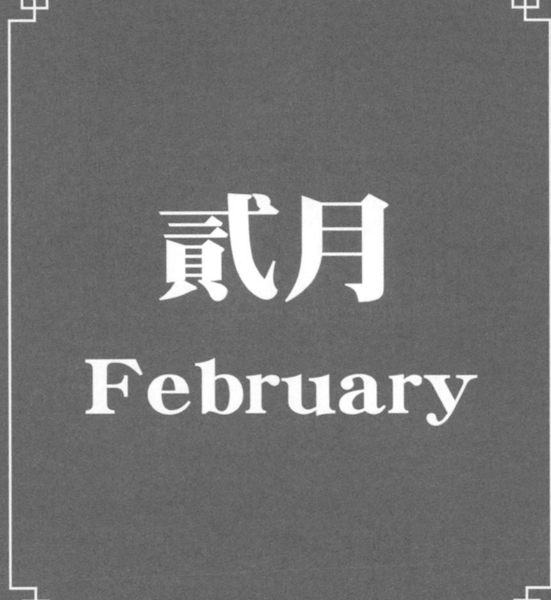

貳月

February

靈鷲山六項生活原則
以空性導航的生活運動

↑心道法師親臨徒眾講習會為僧眾法師開示。

靈鷲山為凝結僧信的共識與修行，分別舉辦常住僧眾的「徒眾講習會」，以及兩場的職工「宗風共識營」與回訓課程。希望靈鷲山全體在共同的見地上，實踐愛地球、愛和平的運動。

靈鷲山是一個大家庭，僧眾與職工同仁平日雖然負責職務有所不同，但秉持共同學習、凝聚共識的目標，為成就心道法師的慈悲願力，特別依據靈鷲山「慈悲與禪」的宗風，制訂六項生活運動，希望大家共同遵守與實踐。

靈鷲山六項生活原則為：「一心、二愛、三好、四給、五德、六度」。「一心」就是涅槃妙心。「二愛」就是愛地球、愛和平。「三好」就是身好、口好、意好。「四給」就是給人歡喜、給人信心、給人希望、給人方便。「五德」則是正面、積極、樂觀、愛心、願力。「六度」就是布施、持戒、忍辱、精進、禪定、智慧。

心道法師曾開示：「大家照著六項生活原則去實踐，整個僧團才會有共識、也會更團結，並執行出弘法利生的真正效益。我們愛地球、愛和平的理念，需要一個導航系統去執行。當這六項生活原則變成一個日常的行動，每個人照著這個軌道進行，所有利益都歸常住，功德歸於護法，榮耀歸於佛陀。」

↑靈鷲山法師為同仁宗風共識營開示。

僧眾宗風系列課程

日期	課程名稱	地點
02/08~02/10	徒衆講習會	華藏海大講堂
04/03	徒衆講習會	華藏海大講堂
05/15	徒衆講習會	華藏海大講堂
07/18	徒衆講習會	華藏海大講堂
12/30~01/08	研戒暨徒衆講習會	華藏海大講堂

同仁宗風系列課程

日期	課程名稱	地點
05/16~05/17	同仁宗風共識營	華藏海大講堂
06/08~06/09	同仁宗風共識營	華藏海大講堂
10/03	同仁宗風共識營(回訓)	新北分院
10/12	同仁宗風共識營(回訓)	聖山寺善法大樓

中華人間佛教聯合總會訪問團
啟動南北傳佛教合作願景

↑心道法師帶領中華人間佛教聯合總會訪問團於仰光大金塔寺點燈繞塔祈福誦經。

心道法師二月份特地前往緬甸接待來自臺灣的「中華人間佛教聯合總會」訪問團，訪問團由淨耀法師、慧傳法師帶領，成員來自臺灣、中國大陸共七十七名法師及居士，預計前往緬、泰等南傳佛教國家進行交流參訪。

訪問團首站造訪靈鷲山位於緬甸仰光的大善園寺國際禪修中心，由身兼「中華人間佛教聯合總會」常務理事的心道法師引導導覽，介紹靈鷲山在緬甸推動的志業與發展。緬甸國家僧伽會主席鳩摩羅・毗文沙尊者（Bhaddanta Kumara Bhivamsa）也特別蒞臨，為訪問團團員介紹緬甸佛教的發展，及珍貴的法身舍利。晚間，參訪團在心道法師引導下前往仰光大金塔寺點燈繞塔祈福誦經。

隔天訪問團於緬甸仰光全國上座部佛教巴利大學以「中華人間佛教聯合總會」為名，舉辦傳統供僧儀式，親自體驗滴水功德之殊勝。供僧大會有國家僧伽會主席暨國師鳩摩羅・毗文沙尊者、副國師、僧伽會秘書長、僧伽會駐會常務理事、全國上座部國立佛教巴利大學校長、副校長、大學師長等接受供養，心道法師也以緬甸國家禪修阿闍黎身份接受供養，此次供僧總共供養諸位長老及巴利大學學僧五百四十位。

心道法師在歡迎參訪團致詞時表示：「期待訪問團在未來，能夠再度蒞臨緬甸，讓南北傳佛教聯合弘法的願景，進入更深度的交流，使佛光普照全球。」

↓心道法師於靈鷲山緬甸仰光大善園寺接待中華人間佛教聯合總會訪問團，緬甸國家僧委會主席毗文沙尊者亦出席歡迎。

參月

March

水陸五場先修法會
與眾生結善緣 成就福慧基因

靈鷲山每年在農曆七月啟建水陸空大法會前，會舉辦五場先修法會，透過先修法會共修之功德，讓亡者超度，生者也能順心如意。

此屆的第一場先修法會「大悲觀音祈福暨瑜伽燄口法會」，在二〇一六年十月啟建。當天特別為日前往生的泰王設置追思祈福區，供泰民前來追思，並為泰王設立超薦牌位祈福。會後，響應新北市府「幸福滿屋．食物銀行」的活動，以每人百元的滴水功德回饋地方。第二場的水陸先修則於二〇一六年底與華嚴法會共同啟建，為「華嚴法會圓滿供暨二〇一七年水陸第二場先修法會五大士瑜伽燄口法會」，信眾在殊勝的法音聲中莊嚴攝心，珍惜共修法會的機會。

↑每年水陸先修法會共修之功德，是為讓亡者超度，生者也能順心如意。

第三場先修法會「大悲觀音更密無上圓滿施食大法會」則於下院聖山寺舉辦，由心道法師親臨主法。此次水陸先修法會結合春季祭典與圓滿施食的慈悲精神，傳承觀音法門，以完整的法儀傳遞無盡的孝思與慎終追遠。第四場「大悲觀音普門品暨度亡法會」，大眾以共修祈願歷代祖先往生淨土，生者得以障礙消除、身心安康。第五場「八關齋戒暨瑜伽燄口法會」透過齋戒法會，體會清淨功德及戒體的莊嚴，長養出世的善根。

心道法師在第三場先修法會上為前來修法的信眾說法：「水陸先修加上圓滿施食法會是非常殊勝的，水陸先修做得好，在水陸法會也就能與善業感應，祖先開心，子孫們也就賢孝。眾生把愛心擴大開來，與眾生廣結善緣，具足無量功德，成就未來生命的福慧基因，這正是舉辦水陸法會的目的。」

水陸先修法會時間表

日期	活動名稱	地點
2016/10/23	大悲觀音祈福暨瑜伽燄口法會	三重綜合體育館
2016/12/04	普賢行願品暨瑜伽燄口法會	聖山寺善法大樓
2017/03/04	大悲觀音更密無上圓滿施食大法會	聖山寺善法大樓
2017/06/25	大悲觀音普門品暨度亡法會	聖山寺善法大樓
2017/07/23	八關齋戒暨瑜伽燄口法會	新北市立新北高工

觀音三會大願之路朝山行

懺悔罪業　堅定本心

↑透過朝山懺悔過去所造罪業，消除貪瞋癡及業障。

靈鷲山今年在觀音菩薩聖誕日、觀音菩薩成道日、觀音菩薩出家日舉辦「觀音三會・大願之路」大朝山活動，由靈鷲山常住法師親自帶領信眾朝禮靈鷲聖山，感受心道法師當年開山的苦行精神。靈鷲山是一座具有靈氣的聖山，在四周環山的自然環境下，放下萬緣、清淨雜染心，在朝山中與菩薩接心；同時懺悔過去有知、無知所造罪業，消除煩惱及業障。

朝山活動從凌晨四點半開始，信眾在常住法師帶領下，在朝山大道上，虔誠持誦「南無本師釋迦牟尼佛」聖號，發願、禮拜，以及懺悔「往昔所造諸惡業，今在佛前求懺悔」，降伏貪瞋癡慢疑五毒，找回自己本來的心。

心道法師曾開示：「朝，就是仰望；山，就是名山古剎或聖山。朝山，就是仰望聖山、懺悔、感恩、以及禮敬諸佛。朝山最能夠把這個山的靈氣顯現出來，讓我們的內心與佛菩薩之間有個相應度，我們可以從這個相應度找到生命方向跟目標，真正體認、證驗佛法內涵，除去障礙，獲得滿願。」

印度國際佛教論壇
傳遞尊重博愛 多元共生的理念

靈鷲山開山大和尚心道法師受印度文化局之邀，於比哈爾邦的王舍城（Rajgir）國際會議中心及那爛陀佛教大學（Nava Nalanda Mahavihara）舉辦的「二十一世紀的佛教——面對全球的危機及挑戰的看法及回應」國際佛教論壇發表演說。

因適逢靈鷲山年度春安居禪關，故心道法師以「二〇一七年佛教當前問題的反省與建議」為題，委由靈鷲山總執行長葛達鎷（Gabor Zsolt Karsai）到場宣說。此次論壇邀請到第十四世達賴喇嘛尊者、第十七世大寶法王、「海洋保育協會」創辦人皮斯霍斯(Louie Psihoyos)等來自三十五國、近兩千位的國際高僧、精神領袖、學者共聚一堂，共同討論佛教在當今社會面對全球的危機及挑戰，並設定「衝突避免，建構和平」、「環境、自然保護及動物福祉」、「佛教與科學」、「佛教的女性」、「教育、國家政策、商業、經濟、媒體、社會中的世俗倫理」、「促進宗教間的和諧」、「佛教與社會的承諾」、「佛教聖地與遺產」、「佛教傳統」、「促進佛學研究及保存那爛陀傳統」等專題進行討論。

↑靈鷲山總執行長葛達鎷（Gabor Zsolt Karsai）代表心道法師出席印度國際佛教論壇，會晤第十七世大寶法王噶瑪巴鄔金欽列多傑（左）。

心道法師這篇由葛達鎷執行長代為宣說的演說點出，佛教團體應該加強寺院體制管理、扎根僧伽止觀教育；三乘應互相尊重、具備整體觀；認識宗教的共生關係，加強各宗教交流；共識「愛地球、愛和平」的願景。心道法師長年以來，在國際持續的推動宗教和諧、跨宗教對談與合作、散播尊重包容博愛理念。相信「多元共生、相依相存」才是人類永續發展、宇宙永續生態的真理。

第七屆全國普仁獎頒獎典禮
見證普仁小太陽的真善美

↑普仁獎創辦人心道法師與全國普仁獎得主合影，期許普仁小太陽們，照亮大家的慈悲心，讓社會變得更加溫暖。

靈鷲山第七屆全國普仁獎頒獎典禮，在新北市貢寮區福容大飯店舉行。今年在全國各地區共有八百〇二位學子獲獎，再由各地區推薦五十二位進入全國頒獎表揚。靈鷲山透過普仁獎發掘出許多品德良善的小朋友，希望未來都能成為讓社會更溫暖的小太陽，自二〇〇三年開辦以來，已有近五千位學子獲獎。

全國表揚頒獎前，主辦單位靈鷲山慈善基金會特別安排受獎的學生前往靈鷲山無生道場與世界宗教博物館參觀，向所有獲獎的學生分享心道法師幼時的故事，期勉學生在生命中遇到挫折，應該培養面對困境的力量，持續修身自持，迎向光明。

頒獎活動先邀請基隆市中正國中民俗體育班以精彩表演開場，內政部次長林慈玲、新北市長朱立倫等貴賓都蒞臨現場頒獎、致詞，為獲獎小朋友們打氣。全臺許多師長也遠從各地到場觀禮支持。典禮中也表揚分布在全臺、無私奉獻的兩百五十二位家訪志工，因為有他們的實地走訪，才能發掘到這些平實而深刻的生命故事，見證普仁小太陽的真善美。

心道法師對獲獎者說：「你們為什麼被稱為小太陽？因為太陽是很溫暖的，只要被太陽一照就會暖和起來。我只是一個窮和尚，只是在做自利利他的事情，我也希望像太陽一樣，能夠照亮、喚起大家的慈悲心，讓這社會變得更溫暖、更有愛心。你們都是善種子，從校園、從家庭開始傳播善念，這就是很大的功德和福報。」

↑心道法師致贈生命教育叢書，感謝與會的校長與老師對普仁獎的支持，及對教育的付出與貢獻。

靈鷲山普仁獎各區頒獎活動時間表

遴選地區	頒獎典禮日期	地點
臺中	2016/12/18	臺中市政府
澎湖	2016/12/22	澎湖縣特殊教育資源中心綜合館
桃園	2017/01/07	武陵高中
基隆	2017/01/08	水園會館
新竹	2017/01/08	竹北體育館
嘉義	2017/01/08	嘉義嘉華中學
臺南	2017/01/08	香格里拉臺南遠東國際大飯店
高屏	2017/01/08	高雄市立龍華國小
宜蘭	2017/01/08	蘭陽講堂
花蓮	2017/01/14	教育廣播電臺花蓮分臺
新北 (A.B.C)	2017/01/15	新莊輔仁大學
臺北	2017/01/21	建成國中
金門	2017/02/13	中正國小
連江	2017/02/18	南竿仁愛國小
臺東	2017/02/19	特殊教育資源中心
全國頒獎典禮	2017/03/19	(福隆)福容大飯店

基隆清明懷恩法會
傳承慎終追遠的精神

↑靈鷲山基隆講堂連續十八年啟建「清明懷恩法會」，將慎終追遠的精神繼續傳承下去。

靈鷲山基隆講堂連續十八年啟建清明懷恩大法會，今年假基隆市正濱國民小學舉行，由靈鷲山基隆區護法委員及志工，齊心護持這場殊勝的法筵。由於華人重孝道，慎終追遠的精神與地藏法門最為相應，法會以地藏法會及瑜伽燄口法會為主。生生世世與我們連結的眾生，都曾是我們累劫的父母，為不忍父母受苦，共修地藏經是清明祭祖的最佳法門。

今年為了繼續發揚孝道精神，現場舉辦敬老關懷活動，邀請六十五歲以上的長者前來享用禪悅美食，現場更提供簡易中西醫療諮詢，使老菩薩們心安身亦安。

這場以宗教本懷服務鄉里、關切鄉親的法會活動，已邁入第十八年，受地方賢達人士肯定。今年的贊普活動獲得的白米捐助，全數交予基隆愛心食物銀行，由社會處協助轉贈給低收入戶與弱勢團體，落實大愛精神。

法會當日漫天細雨，全場志工卻是面帶微笑、應對得宜，適時提供與會信眾協助，使法會進行如法如儀，將「慎終追遠」的精神傳承下去，讓所有市民闔家平安。

西安淨業寺本如法師陞座典禮
落實戒律 弘揚法教

心道法師受邀出席中國大陸西安終南山淨業寺住持本如法師的陞座典禮，並為陝西省佛教協會與淨業寺聯合主辦的「律宗思想文化論壇」開場致詞祝賀，聆聽海內外高僧及佛教界專家學者就佛教戒律的問題討論見解。

淨業寺為律宗道宣律師的祖庭，今年為道宣律師圓寂一千三百五十年的紀念。當時因為有道宣律師將律法整理弘揚，漢傳佛法的律學才能有如今的力量。心道法師為大眾開示：「戒定慧三學就是學佛的路，慧能讓我們自在，禪能讓我們安定，而戒則讓我們生活有原則，就像國法家規，當我們好好遵守的時候，出家就是非常快樂的事情。戒就是生活的因果法則，禪就是讓我們心回到空性，而慧能讓我們產生無我的效應。」

西安是佛教最興盛時期，大唐帝國的首都，漢傳佛教八大宗派除了禪宗與天臺宗外，在西安都有流傳至今的祖庭。陞座典禮的隔天，心道法師前往律宗淨業寺的道宣律師塔、興教寺的慈恩三塔（玄奘、窺基和圓測的墓塔）、華嚴宗華嚴寺的杜順及澄觀大師的塔、唐密的興善寺、淨土香積寺善導大師的塔，還有草堂寺鳩摩羅什舍利塔等聖地參觀，見證當年各大宗派法脈的傳承。

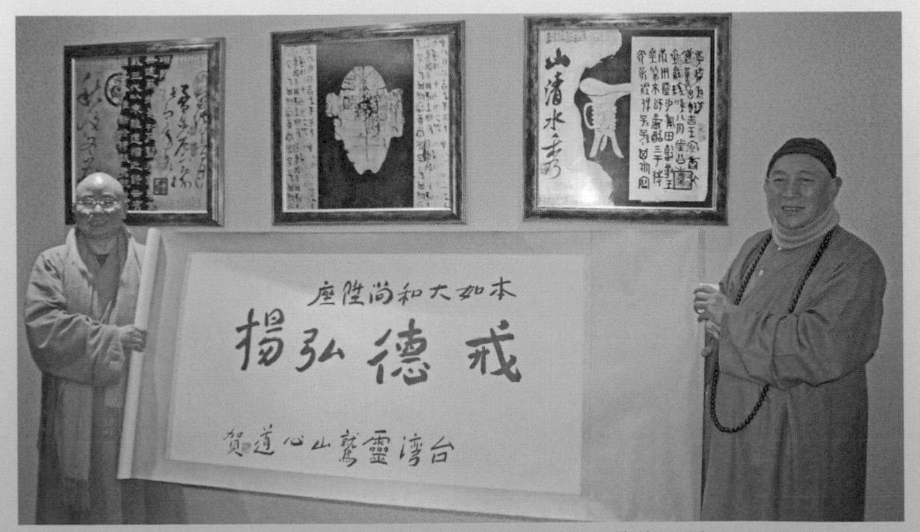

↑心道法師期勉本如法師能夠傳承道宣律師法教，落實戒律、弘揚佛法。

緬甸三藏法師來臺參訪
跨越國度藩籬 結下深厚法緣

↑中緬佛教協會余南達長老偕同緬甸三藏比丘尊者香鬘莊嚴與尊者殊妙莊嚴等比丘，蒞臨靈鷲山無生道場與聖山寺參訪。

中緬佛教協會、南達寺、迦葉禪寺、三寶寺聯合邀請緬甸尊貴的三藏比丘來臺展開交流訪問之旅。行程期間特別安排緬甸三藏比丘尊者香鬘莊嚴與尊者殊妙莊嚴，以及中緬佛教協會住持余南達長老、八位緬甸比丘等，訪問靈鷲山無生道場與聖山寺。

參訪團首先於靈鷲山下院聖山寺金佛殿供寶傘念誦經文，為眾生祈福。之後，進行供僧及滴水功德迴向儀式，讓現場的僧信二眾都感受到尊者慈悲的加持。隨後參訪團來到無生道場，由心道法師親自為參訪團導覽，並向尊者介紹靈鷲山推動禪修與四期經教，在愛地球、愛和平的理念，推動「生命和平大學」，盼望藉由與南傳佛教良好的互動關係下，共同合作來完成任務。

首次來山的緬甸第九位「持三藏」頭銜的香鬘莊嚴尊者，也了解心道法師長期以來對緬甸佛教的支持，尤其是在緬北臘戌弄曼興建「大善園寺沙彌學院」，協助推動沙彌孤兒等教養及僧伽教育計畫，和籌建生命和平大學的願景，他也希望未來雙方能夠合作，為緬甸佛法的傳承盡一份心力。

緬甸尊貴的三藏比丘到來，搭起了臺灣與緬甸佛教交流的橋樑，中緬南傳佛教協會也期盼未來能與靈鷲山攜手擴大舉辦弘傳佛法活動，深化佛法於人心。臺、緬雙方高僧跨越國度、語言的藩籬，結下善緣。

↓心道法師帶領緬甸三藏高僧尊者香鬘莊嚴（中）以及準三藏高僧尊者殊奇莊嚴（右一）等比丘參訪靈鷲聖山。

肆月

April

「悲智境相」洛桑龍達上師青海熱貢唐卡藝術特展
親見佛國之境 殊勝莊嚴

↑心道法師親臨洛桑龍達上師（右）於宗博館舉辦之「悲智境相——洛桑龍達上師．青海熱貢唐卡」藝術特展參觀。

世界宗教博物館與青海洛桑龍達上師合作舉辦「悲智境相——洛桑龍達上師．青海熱貢唐卡」藝術特展。展覽以「諸佛」、「觀音」、「財神」與「藏醫」四大主題，展出龍達上師親手製作的五十幅作品。另在多媒體互動展區，轉經輪沉浸式互動與「觀音讚」多媒體，讓觀眾在靜心觀畫之餘，留下心靈的動態體驗。

「熱貢藝術」興起於十三世紀的青海黃南藏族隆務河流域地區，是藏傳佛教藝術的重要流派之一。「唐卡」（Thang-Ka）即指平面的卷軸佛像，是藏民族傳統獨特的繪畫形式，也是熱貢藝術中數量最多、流傳最廣的品類。龍達上師繼承熱貢唐卡的傳統，將現代工筆繪畫技術融入，精緻繁複的藝術風格，每一筆都是靜心持咒，用清淨心、慈悲心繪製，是對藏傳佛教文化的精湛詮釋。作品被布達拉宮、大昭寺等寺廟收藏，為當代熱貢唐卡藝術的代表之一。

特展期間，洛桑龍達上師以最為世人所熟知的觀世音菩薩主題，進行「觀音沙壇城」繪製。每日祈請分為健康、財富、家庭、官運以及考運，為前來觀禮的信眾加持祝福。壇城即曼陀羅（Mandala），是藏傳佛教獨特的圖像表達方式，嚴格依照本尊的經典儀軌，以及古老的神聖符號，秩序地排列，將無數彩沙，用漏斗筆鋪在平臺上，完成長寬各一百二十公分的千手千眼觀音沙壇城。

圓滿入壇儀式，由龍達上師與弟子們或吹海螺、或持手鼓、鈸、金剛鈴、金剛杵等法器，誠心持咒，繞壇念經，殊勝莊嚴。

↑龍達上師與弟子，在歷經六天、逾七十小時，完成長寬各一百二十公分的千手千眼觀音沙壇城。

特展展示期間各方貴賓特地前來參觀，包括臺中廣願地藏寺住持大正法師、當家清蓮法師、國際知名女鞋設計師周仰杰（Jimmy Choo）、知名藝人徐乃麟、昇恆昌創辦人江松樺、臺灣微軟公司總經理邵光華夫婦、宣捷生物科技總經理宣昶有等貴賓。佛經云：「能親見沙壇城者，宿世皆須具有深厚的福德因緣」，與會大眾在法會期間接受加持祝福，是殊勝難得的一大宗教藝術盛事。

↑以現代工筆的繪畫技術融入精緻繁複的藝術風格，每一筆都是以清淨心、慈悲心繪製，為藏傳佛教文化的精湛詮釋。

「悲智境相——洛桑龍達上師・青海熱貢唐卡」藝術特展系列活動表

日期	名稱
03/11	唐卡藝術的奧秘與門道 主講人：張駿逸（國立政治大學民族學系副教授）
04/09	熱貢唐卡藝術 主講人：青海熱貢洛桑龍達上師（唐卡藝術家）
04/23	藏傳佛教的生死觀 主講人：鄭振煌（中華維鬘學會名譽理事長、佛學學者）
04/29	止觀與灌頂 主講人：慈仁格西 （曾任下密院顯密佛學院與雪域五明佛學院校長）
05/07	探訪人間的香巴拉——藏區文化之旅 主講人：閆建鴻（札西德樂國際旅行社西藏行旅達人）
05/27	如何即生成佛 主講人：慈仁格西 （曾任下密院顯密佛學院與雪域五明佛學院校長）
06/11	西藏回春瑜伽養生 主講人：林雅雯（前雲門舞集舞者，「脈輪舞蹈」創始人）

「世界宗教新春和平祈福會」
跨宗教界連結 永續生命共識

↑「世界宗教新春和平祈福會」邀請各宗教代表齊聚，為世界和平祈禱，供燈祝福。

由世界宗教博物館發起的「世界宗教新春和平祈福會」，今年已經邁入第十年，成為臺灣宗教界每年的盛會之一。世界宗教博物館創辦人暨靈鷲山開山大和尚心道法師在這一天，邀集各方宗教領袖齊聚，透過和平祈禱、供燈祝福，宣讀和平宣言等宗教儀式，為臺灣及世界祈福。

祈福會首先由秀朗國小弦樂團演繹出新世代的希望及對世界的熱愛。接著與會的貴賓，包括：中國回教協會前理事長倪國安、天主教主教團鮑霖神父、新北市佛教會理事惟悟法師、潮音禪寺住持悟禪法師、青海熱貢洛桑龍達上師、中華天帝教總會秘書長劉曉蘋、土耳其安那托利亞福爾摩沙協會會長初雅士、中華民國一貫道總會副秘書長黃德勝、宗教和平協進會秘書長陳世賢、南非佛光會會長林偉榕、永和市保福宮主委林忠榮等跨宗教代表，分別以各自宗教的語言，為臺灣及地球獻上最真摯的祈禱與祝福。此次應邀與會的貴賓尚有外交部亞西司及非洲司副司長鄧盛平、聯合國NGO全球和平聯盟臺灣總會理事長陳拓環、新北市長朱立倫與立委羅致政等。

心道法師在祈福會中表示：「愛地球不只是環保，而是要維護多元共生、相依共存的全球體系。尤其宗教界對人類生命傳承有很大的責任與愛心，多一份正面主動積極，降低物質的貪著，就能防止地球陷入重重危機之中。我們宗派、宗教之間要互相連結，彼此尊重、包容、交流、融合，努力達到愛地球、愛和平的整體共識，讓地球得以永續，人類也才會永續。」最後由青海熱貢洛桑龍達上師以唱誦咒偈加持，並邀請自由舞蹈工作者樊香君以靈性舞蹈表演，及和平鴿飛翔投影，為今年宗教新春祈福會畫下圓滿句點。

↓心道法師感謝宗教代表及各界貴賓，同為世界和平祈福。

將傳統落實於現代
開創生命的覺知與覺醒

↑心道法師與樓宇烈教授（左）討論對生命和平大學的看法，樓教授也承諾將盡其所能給予協助。

中國北京大學宗教文化研究院名譽院長樓宇烈教授，在心道法師邀請下，繼二〇一六年首次參訪靈鷲山後再度來山，為僧俗學員講授為期兩天的中國文化專題課程。

中國文化專題課程分為兩天進行，第一場主題為「從儒釋道談中國文化的根本精神與時代落實」。樓教授從中國傳統文化及儒釋道三家核心思想切入，談論如何在新時代落實「以儒治世、以道養身、以佛治心」，發揚中國文化的自覺自律精神。樓教授認為「自然」可以解決人與自己、人與人、人與社會所產生的各項問題，所有心靈問題都源自於人、我的分別，如果把自己放在整體自然界中，自然可以消除心理障礙。第二天的《般若波羅蜜多心經》課程，在講述佛教對宇宙、對人生的看法。世間一切皆是因緣而生、緣滅則散，是無常無我的。應該要學習儒釋道「拿得起、看得開、放得下」的精神，讓身心與外在的世界都能順其自然和美好。

在第一天課後，心道法師與樓教授提到靈鷲山未來要推動的「生命和平大學」理念，是希望結合東西方宗教文化及科技文明，從心靈以及愛地球、愛和平的角度出發，為人類與所處的地球找出路。樓教授允諾盡其所能，促進生命和平大學成為世界和平的平臺，成為宗教、種族、文化的對話平臺，也成為人類之間相依共存的分享平臺。

↓樓宇烈教授為大眾講授中國文化專題講座，現場僧俗聽眾座無虛席。

大悲閉關21
大悲共振 迴向地球

↑「大悲閉關 21」，持咒達到兩百萬遍的歷史紀錄。

靈鷲山開山大和尚心道法師因感念世間天災、人禍頻傳、人心不安，即每年啟建「大悲閉關21」持誦百萬遍〈大悲咒〉，以慈悲善念來轉化，迴向地球平安。

「大悲閉關21」今年邁入第六年，所有閉關學員在灑淨及領受八關齋戒儀軌後，正式進入關期。今年在雲來集首創「大悲菩薩班」，每一位學員都是由靈鷲山常住法師親自審核。在閉關期間，學員都必須在一天中持滿一千〇八十遍以上的〈大悲咒〉，最後甚至有在一天達到近兩千遍的持誦。除了在關內精進持誦的大悲行者與閉關居士外，還有一批來自臺東的護關老菩薩們，這些老菩薩親手摘菜從臺東回到靈鷲山，供養三寶、護持閉關學員，精神令人十分動容。今年也在凝聚眾人善念下，比往年更快達到持誦〈大悲咒〉一百萬遍，並在五月五日這天累計達到兩百萬遍的歷史紀錄。

在「大悲閉關21」圓滿當天（05/07），大悲閉關居士手持蓮花整齊列隊巡禮全山，繞行多羅觀音道場、天眼門、十一面觀音等聖地，口中不斷持誦〈大悲咒〉，悠揚法音遍滿整座靈鷲山。心道法師也為所有精進閉關的居士進行「聖千手千眼大悲觀音成就法」灌頂加持。同日為華藏海圓通寶殿毗盧觀音重新安座儀式，以及圓通寶殿外的建寺功德榜的揭榜典禮，邀請所有功德主前來揭榜且正式啟用。

心道法師開示：「大家領受佛法灌頂之後，每天還是要不斷的修持，不間斷的修法，每天念一百〇八遍〈大悲咒〉，讓大悲觀音的傳承確實落實在大家的生活中。靈鷲山是一個如實的修行道場，希望我們每一位佛子都能到講堂、到山上共修，成為如實的大悲行者。」

↑今年首創大悲菩薩班，這些精進菩薩日不間斷持咒，每日達一千〇八十遍以上。

↓所有閉關學員，共同持誦〈大悲咒〉，迴向一切眾生，祈願世界和平，永無災難。

泰國藤球友誼賽暨潑水節

祈願金佛加持 福氣遍灑

靈鷲山受邀協辦新北市政府勞工局與泰國貿易經濟辦事處於新北市政府市民廣場舉辦的第七屆「泰國藤球友誼賽暨潑水節」，吸引全臺各地近萬名泰籍移工、新住民、泰僑參加。

↑泰籍移工與新住民身著傳統服飾，特地來到富貴金佛壇城前，虔誠祈願金佛讓新的一年平安順利。

泰國貿易經濟辦事處如同往年，禮請泰國致贈靈鷲山的「富貴金佛」至現場，安排莊嚴隆重的浴佛祈福儀式，並設置泰王蒲美蓬緬懷區，讓離鄉的泰籍民眾表達追思之情。每位泰民到富貴金佛壇城前，以虔敬的心供花、跪拜、頂禮浴佛，祈以金佛無上功德力護佑加持。對於在臺灣能夠領受到來自家鄉金佛的加持與祝福，都覺得意義非凡。

↑靈鷲山設置泰王蒲美蓬緬懷區，讓離鄉的泰籍民眾表達追思之情。

活動適逢靈鷲山「大悲閉關21」，靈鷲山常住法師也特別準備「大悲水」為參加潑水節的泰民灑淨，並在會場發放平安米、富貴金佛卡等，祈願能將福氣、平安、慈悲遍灑在每一位泰國朋友的身上。

佛腳抱抱暨浴佛孝親報恩

諸佛加被 報四重恩

↑在甘露法水浴佛同時，潔淨自我的身心。

靈鷲山下院聖山寺於每年農曆四月舉辦「浴佛節」慶祝活動，因時間與母親節、考生考季相近，特別結合母親節、浴佛節、考季規劃「佛腳抱抱暨浴佛孝親報恩」慶祝活動，讓信眾在與佛結緣的同時，祈求應試順利、心想事成。

除了以浴佛甘露法水潔淨心靈外，今年活動欣逢農曆四月初四「文殊菩薩佛誕日」，特別禮請文殊菩薩坐鎮聖山寺金佛殿，讓考生影印准考證，放在文殊菩薩座下加持，並加蓋「三寶印」，象徵佛陀智慧庇護。考生憑准考證還可結緣「智慧筆」2B鉛筆，祈於諸佛加被之下，讓考生信心滿滿，應試順利。

考生在點燈祈福、敲響智慧鐘，祈求光耀照金榜的同時，還可頂禮佛足為母親祈福，以康乃馨花束供佛，為母親點盞報恩燈，結緣心道師父加持的福袋。

心道法師曾開示：「每年釋迦牟尼佛的聖誕，這個感恩的日子，都在提醒為人後輩的我們，要時常懷著感恩的心，佛教所說的感恩，也就是報四重恩，佛恩、父母恩、師長恩、眾生恩。」佛法除了教導我們認識生命，也教導我們如何珍惜、奉獻、感恩生命。讓我們對自己的生命、對所有的生命都能產生幫助。

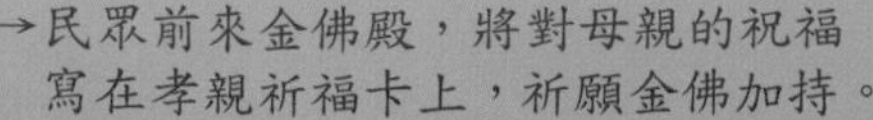

→民眾前來金佛殿，將對母親的祝福寫在孝親祈福卡上，祈願金佛加持。

慈悲無國界 送愛到緬甸

與臺灣口腔照護協會義診醫療團合作

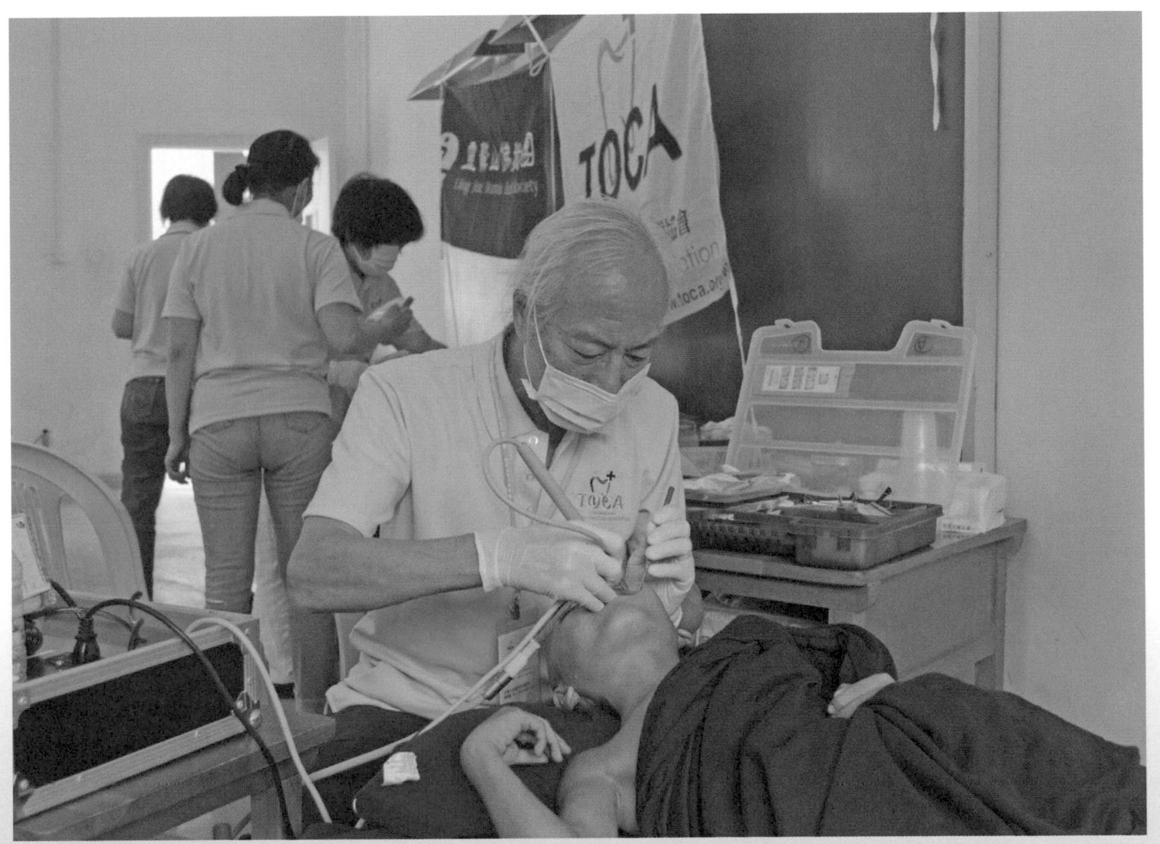

↑靈鷲山慈善基金會與臺灣口腔照護協會合作，組織義診醫療團前往緬甸臘戌，為弄曼沙彌學院的比丘及沙彌進行義診。

靈鷲山慈善基金會與臺灣口腔照護協會（Taiwan Oral-health Care Association, TOCA）義診團，前往緬甸臘戌弄曼大善園寺沙彌學院義診。靈鷲山長期與醫療團體合作，為當地村民、學童進行醫療協助。

臺灣口腔照護協會是來自臺灣各地具備口腔衛生專業能力的醫師與專業人員組成的非營利組織。擅長運用衛生教育、社區組織、社會行動等方式，推廣口腔衛教宣導。此次與靈鷲山慈善基金會合作，前往緬甸為當地村民與學童義診，此次義診團的團員共有十位醫師、十二位護理師與志工等。

醫療義診團於緬甸臘戌弄曼村、果菁村、沙彌學院、果菁華文學校等地為當地村民以及教職員、學童等進行義診，除了推廣口腔衛教以及預防保健相關知識，也與沙彌學院主管老師共同討論，在未來如何繼續在各班級延續口腔的照護。最後一天的義診，與全體沙彌進行潔牙比賽，以寓教於樂的形式達到衛教宣導的目的。

心道法師曾於緬甸開示：「慈悲與教育是我要分享給大家的，所以在緬甸我們首要建立的就是一個完善的醫療體系。提供當地各民族、村民能夠免費使用醫療資源，讓所有貧窮的人，能夠得到良好的醫療照護，讓他們的生命得以獲得保障。」慈悲無國界，這就是心道法師助人的初衷與信念。

↑臺灣口腔照護協會義診團為沙彌學童進行健檢，並教導學童如何延續口腔的照護。

伍月

May

心道法師歐洲弘法行
展開愛與和平之旅

↑心道法師於德國慕尼黑本篤禪修中心（Benediktushop Meditation Center）帶領學員找回自心的寧靜。

繼二〇一一年首次踏入歐洲傳授平安禪法之後，心道法師今年第五度受邀前往德國教授平安禪法。此次歐洲弘法行程，主要在德國法蘭克福、慕尼黑等地，展開禪修教授行程。最後於德國雷根斯堡（Regensburg）與各地專家學者召開首場「生命和平大學」會議。

歐洲的禪修行程首站來到法蘭克福新磨坊禪修中心（Neumuhle Meditation Center），心道法師引領學員透過禪修，找回內心的和平。第二站來到熟悉又寧靜的慕尼黑本篤禪修中心（Benediktushop Meditation Center）。課程間，心道法師帶領學員於蓊鬱森林中行禪，每個步伐的專注覺知，學習息滅執著、發現空性的存在。德國禪修的最後一站，於慕尼黑多明西聯（Domicilium）禪修中心，心道法師殷殷叮囑：「課程圓滿了，但禪修是要持續下去，當禪修有所體驗時，心性的智慧將隨之生起。」

結束禪修課程，隨後心道法師前往德國雷根斯堡（Regensburg）與智庫學者展開「生命和平大學」第一場國際顧問會議。會議由「生命和平大學」籌備計劃室負責人、德國慕尼黑大學宗教系Michael von Brück教授主持召集，同時也力邀歐洲多位智庫級教授，包括：生物科學、經濟學，醫學及倫理學、哲學、社會學、國際法等領域學者專家與會，以及前哈佛大學世界宗教研究中心主任，現為生命和平大學美國籌備處負責人蘇利文教授（Dr. Lawrence E. Sullivan）、靈鷲山教團總執行長葛達鍝（Gabor Zsolt Karsai）、世界宗教博物館發展基金會國際事務部主任瑪麗（Maria Reis Habito）等與會討論。

心道法師曾開示：「在眾生共業、戰亂紛爭下所產生的悲苦生命愈來愈多，如果我們對一切的生命都能夠做到尊重、包容，了解到生命共同體就是生命的本質。也期許大眾以禪修連結宗教力量，共同為眾生祈禱，落實『愛地球、愛和平』的宣言，讓心和平，也讓世界和平。」

←心道法師前往德國雷根斯堡（Regensburg）與德國智庫召開生命和平大學第一場國際顧問會議。

日期	心道法師歐洲弘法行程
05/15 ～ 05/20	德國法蘭克福新磨坊禪修中心（Meumuhle Meditation Cemter），舉辦五天禪修課程。
05/21 ～ 05/25	德國慕尼黑本篤禪修中心（Benediktushof Meditation Center），舉辦五天禪修課程。
05/26 ～ 05/28	德國慕尼黑多明西聯（Domicilium）禪修中心，舉辦三天禪修課程。
05/28 ～ 05/29	德國雷根斯堡（Regensburg）召開首場「生命和平大學」國際顧問會議。
05/31	拜會天主教教宗方濟各（Pope Francis）、天主教梵諦岡宗座宗教交談委員會首席樞機主教陶然（Cardinal Jean-Louis Tauran, President of PCID）。

→心道法師引領學員在每一個步伐中，覺知自我的念頭，學習息滅一切執著。

自己公園自己種
臺灣百合復育活動
注重生命永續性 關懷自然善種子

↑靈鷲山常住法師參與「自己的公園自己種 -- 貢寮龍門運動公園台灣百合復育活動」，響應靈鷲山的「九大生活主張」，以實際行動愛地球。

靈鷲山受邀參與新北市政府舉辦的「自己的公園自己種——貢寮龍門運動公園臺灣百合復育活動」，展現關懷地球生態永續的行動。每年的五月二十二日為聯合國環境署（United Nations Environment Programme, UNEP）所訂定的「國際生物多樣性日」，新北市政府特別選在這天，在貢寮區龍門運動公園舉辦「自己的公園自己種——貢寮龍門運動公園臺灣百合復育活動」。

臺灣百合是臺灣特有種，又有「福爾摩沙百合」、「高砂百合」等別名，花期在春夏之際，花語含義是神聖莊嚴。新北市政府的臺灣百合復育工作和靈鷲山長期推動「愛地球、愛和平」的核心價值相同，因此參與活動的志工們都覺得意義非凡。

活動當天新北市政府秘書長許育寧、農業局長李玟、貢寮區長陳文俊、金山區長陳國欽與靈鷲山常住法師與信眾，以及貢寮在地居民，於貢寮區龍門運動公園一同種植臺灣百合，將臺灣百合復育工作，從北海岸延伸至東北角。當天貢寮區雨勢不小，所有參加者風雨無阻到場，穿上主辦單位提供的黃色雨衣及塑膠鞋套。由於復育的土壤經過一早雨水澆灌相當鬆軟，省下鬆土及澆水步驟，讓整個種植過程格外順暢。眾人一起種下兩千株臺灣百合幼苗，也是種下善的種子與「愛地球、愛和平」的基因。

心道法師曾經開示：「愛地球不只是環保，而是注重生命永續性。關懷自然界，復育的意義除了種下一朵花或一棵樹，為地球物種的福祉努力，更是無量慈悲善念，善緣無盡，增長一切善法功德、成就一切善根。」

↓靈鷲山常住法師與信眾種下臺灣百合幼苗，象徵種下和平的善種子。

鯝魚宜蘭洄游產卵 靈鷲山共同護生愛地球

↑靈鷲山寂光寺大良法師（左）出席「農村社區生態保育輔導計畫成果發表會」。

靈鷲山寂光寺與農委會、宜蘭縣礁溪鄉龍潭社區發展協會共同舉辦龍潭社區營造農村生態園區成果發表會，及農村再造計劃典範社區參訪、座談及生態環境優質社區的經驗分享，展現當地鯝魚逆流而上的生態成果。

「圓吻鯝魚」又稱憨仔魚或更仔魚，在每年的端午節前後，湖底水溫升高，圓吻鯝魚群會溯溪到湖面，接受水流衝擊刺激來排卵，是宜蘭縣礁溪鄉龍潭湖特殊的天然自然景觀資源。

宜蘭縣礁溪鄉龍潭社區總幹事李志文表示，原本生存在淡水河系、基隆河和宜蘭北部等多處的圓吻鯝魚，逐漸匿跡。為了將自然景觀保存下來，便積極的投入保育的行動。在展開行動的同時，發現圓吻鯝魚群洄游處的柚子田屬於靈鷲山寂光寺所有，於是向心道法師表達地方社造和保育的想法。

↑礁溪龍潭湖圓吻鯝魚溯溪產的自然奇觀。

心道法師長年秉持著愛地球、愛和平的理念，在得知有機會共同守護這片土地的生命力，馬上允諾協助，並承諾不改變地景、不砍伐樹木，共同護持圓吻鯝魚的生態保育園區。也歡迎遊客在圓吻鯝魚生態之旅後，到後方寂光寺禮佛、休息，讓身心靈都充滿法喜。

心道法師曾經對大眾開示：「我們要注重生命永續性、關懷自然界，為地球物種的福祉努力，才是無量慈悲善念。」

首度拜會天主教教宗方濟各
攜手共創愛地球志業

↑心道法師與天主教宗聖方濟各（左）會面，並向教宗傳達靈鷲山「生命和平大學」的創建理念。

世界宗教博物館創辦人、靈鷲山開山大和尚心道法師於五月展開歐洲弘法行程，於行程最後來到天主教教廷梵諦岡拜會教宗方濟各（Pope Francis）。心道法師此行是應天主教教廷宗座宗教交談委員會（PCID）之邀會晤教宗，會面時兩人雙手合十致意，心道法師主動向教宗傳達「生命和平大學」的創建理念，並邀請教宗一同響應加入，為我們共同生存的地球盡一份心力。

同日會見教宗後，心道法師在外交部駐梵諦岡李大明大使陪同下，拜訪天主教教廷宗座宗教交談委員會主席樞機主教陶然（Cardinal Jean-Louis Tauran, President of PCID），心道法師向樞機主教表示，靈鷲山未來要在緬甸創建生命和平大學，主要以推動人類與地球，多元共生、相依共存為創建理念，並邀請天主教一起加入生命和平大學計畫。最後心道法師前往阿西西城（Assisi）聖者方濟各誕生的聖地參觀，並拜訪阿西西城市長以及聖殿的神父與神職人員。

↑心道法師在外交部駐梵諦岡李大明使（右）陪同下拜會教廷宗座宗教談委員會主席樞機主教陶然(中)

世界宗教博物館從籌備到成立以來，心道法師在國際間的宗教交流始終不缺席，也積極促進世界各宗教間對話。今年預計在十一月將與天主教梵諦岡宗座宗教交談委員會（PCID）及天主教會臺灣地區主教團共同主辦第六屆「佛教徒與基督徒對話國際研討會：佛教徒與基督徒並肩同行，走非暴力之路。」靈鷲山非常期待繼續與天主教合作，探討如何實現和平的願景，解決全球環境、社會與文化的問題。

陸月
June

韓曹溪宗寺院與佛教文化事業團參訪

促進臺韓禪法與綠禪食文化交流

↑韓國曹溪宗寺院與佛教文化事業團來山參訪，體驗平安禪修。

由韓國曹溪宗寺院與韓國佛教文化事業團幹部組成的考察團參訪靈鷲山，成員有來自韓國廣興寺梵鍾法師、正覺寺德山法師等共十四所寺廟的法師、居士代表組成，此行主要目的在於禪法與素食文化的交流。考察團首先抵達下院聖山寺金佛殿禮佛參觀，隨後轉往無生道場體驗禪修、巡禮各殿堂。

考察團一行先在圓通殿體驗平安禪修，交流當中了解心道法師平日教授弟子的禪修法門，除了參「父母未生前，什麼是你的本來面目？」的話頭之外，平安禪是主要的禪修法門，這是因應現代社會所提出的禪修，四個步驟一步一步將身心安定下來、寧靜下來，體驗讓心回家的喜悅。

用膳時間，靈鷲山大寮志工以「綠色廚藝」烹調午齋，所有團員紛紛稱讚非常好吃。當他們知道這餐的食材，是來自在地小農自種的蔬食，都覺得既美味又兼具環保概念，實在值得推廣，也對靈鷲山「綠禪食」留下深刻印象。

團員在行程結束後，紛紛表示收獲甚豐，也相當認同並支持心道法師推動環保愛地球的慈悲理念。

鷺鳥列車啟動 凝聚良善扎根

↑澳底國小參加「生命教育鷺鳥學習列車—靈山探險趣」校外教學活動。

靈鷲山特地為澳底國小一到五年級的學童規劃「生命教育鷺鳥學習列車—靈山探險趣」校外教學活動，在無生道場與聖山寺以及靈鷲山常住法師、志工等配合下，分為四個梯次進行教學活動。

心道法師為感念地方長年來的協助，一直有回饋鄉里的心願。在今年五月「大悲閉關21」時，就曾邀請當地鄉里菩薩們前來無生道場參拜並且體驗〈大悲咒〉共修的殊勝，在這個契機之下，於是有了鷺鳥列車計劃。

活動首先由靈鷲山常住法師帶領所有學童在聖山寺金佛殿，與老師們體驗寧靜一分禪，透過五步驟的寧靜口訣，讓自己的心寧靜下來，提升自我的專注力，聆聽志工老師介紹三尊金佛的故事。接著搭乘「鷺鳥列車」前往上院無生道場，當車緩慢經過朝山大道時，車掌請小朋友仔細觀察窗外的一舉一動，學童們目睹松鼠、紫斑蝴蝶而驚喜連連。抵達山頂，遠眺遠方的澳底漁港，第一次從這麼高的角度俯看自己的家鄉與學校，更是興奮莫名，忍不住不斷驚呼。

↑澳底國小學童參加「生命教育鷺鳥學習列車—靈山探險趣」校外教學活動，體驗一分鐘寧靜運動，提升專注力。

到了上院由志工教學童自己DIY動手體驗蔬食漢堡的製作，過程不但具有樂趣，也有吃到食物的感動。最後以聽故事及闖關遊戲寓教於樂方式，讓向善的種子在小朋友心中萌芽，直呼還要再來搭這班鷺鳥列車，學習更多的智慧。

心道法師曾說：「真心即生善緣。靈鷲山是東北角的心靈地標，我們要共同為貢寮福隆的未來做良善美好的凝聚，共起希望願力，為地方祈福造福。」

直指心靈的感動
花蓮鯉魚潭三日旅行禪

靈鷲山於花蓮鯉魚潭與基督教玉山神學院舉辦為期三天的「花蓮三日旅行禪」，學員來自於日本東京以及臺灣各地。

↑清晨一早，在花蓮玉山神學院感受山水間的寧靜，時刻覺知自我的每一個念頭。

學員每天在靈鷲山法師的帶領下進行平安禪法，配合法師引導，在吐納之間，專注自己的身體、手臂、手掌、指間，感受天地人合而為一的清淨澄明與直指心靈的感動。這次活動由花蓮縣政府指導，也是首次與基督教玉山神學院合作。學員在禪修期間，食用的所有食材，都源自於在地的有機無毒蔬食，搭配知名的鳳林國宴西瓜、壽豐有機芭樂、光復馬太鞍有機咖啡、瑞穗有機蜜香紅茶等，使學員品嚐到食物自然的美味。

心道法師教導大家：「行住坐臥都是禪，大家時時刻刻都要清楚覺知，靜靜觀照我們的出入息，把心調柔，把呼吸調好，寧靜下來，聆聽虛空和山河大地的寂靜，聆聽無聲之聲。」

↑靈鷲山法師帶領信眾在花蓮鯉魚潭體驗平安禪修。

談「心」世界 找回心的道路

《心經直契：空性的道路》新書分享會

↑心道法師親臨信義誠品舉辦之《心經直契：空性的道路》新書分享會，與現場聽眾朋友分享自我修行的歷程。

靈鷲山開山大和尚心道法師首次於臺北誠品信義店舉辦《心經直契：空性的道路》新書分享會，與讀者見面。活動邀請詩人羅智成先生擔任主持人，與心道法師展開精彩對談。

除了新書分享之外，奇異果文創出版社也將《聞盡：地球母親在呼喚》再版，這兩本書是心道法師多年來修行智慧的分享，《聞盡：地球母親在呼喚》是聞所聞盡，用「耳根圓通法門」證得觀音菩薩的內在美，對觀音法門做完整的開示。《心經直契：空性的道路》是教大家如何進入「心」的空間，以直契的方式幫助大家能夠觀自在。

當天下著大雨，現場依舊湧進相當多的人潮，心道法師應主持人羅智成要求，帶領現場來賓體驗「一分禪」，大家安靜地跟著心道法師的簡單口訣，找回自己的「心」。蒞臨現場的貴賓還有大馬工商協會理事長劉康捷拿督、中華郵政董事長翁文祺等到場參與盛會，滿滿的人潮讓簽書會現場溫馨熱鬧。

心道法師在回答主持人羅智成先生提問：「為什麼會選擇《心經》？」師父說：「每個人都有一顆心，《心經》是一條可以認識心的道路，和禪修是一樣的道理，可以達到明心見性、參悟心的本來面目，這也是為什麼要參禪，一路參下去，就會發現心的世界。」

天主教丁松筠神父追思會
體現宗教情懷 貢獻臺灣良多

↑心道法師與追思會現場設置的丁松筠神父人形立牌合影。

心道法師前往臺北新生南路上的聖家堂，參加天主教丁松筠神父的追思會，以老朋友的身份送他最後一程。

當天雖然下著大雨，聖家堂卻早已擠滿了人潮。心道法師感謝丁神父在過去為臺灣社會的奉獻、服務，這一路走來經歷半個世紀，始終如一，是個真誠慈愛的人，也相當感謝丁神父在過去協助靈鷲山許多。

丁神父在過去曾經帶領光啟社「一家之主」節目的製作團隊來到靈鷲山無生道場拍攝，這也是首次有天主教節目訪問靈鷲山。也曾出席二〇〇二年靈鷲山於世界宗教博物館舉辦的「世紀宗教對談座談會」。另在二〇〇八年也特別響應靈鷲山於大安森林公園舉辦的「全民寧靜運動」，並為不同宗教代表貴賓之一。

心道法師於追思會表示：「丁神父有著宗教家的寬容情操，不分教派、熱愛群眾，融合各界人士意見，長期教化社會環境，對臺灣貢獻良多。」

靈鷲山開山三十四週年慶

實踐世代傳承的願力

↑心道法師為大悲行者進行表揚頒獎儀式。

二〇一七年，靈鷲山開山三十四週年慶，今年以「護持願力，世代傳承」為主軸，持續推動生命和平大學「多元共生、相依相存」的「愛地球，愛和平」理念。週年慶當天活動以「大朝山」揭開序幕，常住法師帶領信眾從地藏廣場入口沿著朝山大道朝禮至多羅觀音道場，途中九步一跪拜、虔誠莊嚴的朝山巡禮，重溫師父開山的實修苦行精神。

週年慶活動上下院同時進行，今年上院全山開放參訪巡禮，包含重新啟用的華藏海與圓通寶殿，民眾可以在圓通寶殿進行禪修體驗；心道法師平時閉關的十一面觀音也特別開放給民眾參觀巡禮。下院聖山寺金佛殿廣場規劃「寧靜好市集」十六個攤位，每個攤位都以愛地球九大主張的理念為主題，讓現場遊客信眾熱烈參與。

緊接著在下院善法大樓舉辦的慶典節目，由獲得全國太鼓比賽冠軍的在地貢寮國小太鼓隊震撼登場，接著靈鷲山慈善基金會全球推行委員會捐助一千五百只住宅用火災警報器及移動式LED強力照明燈箱給新北市政府，市長朱立倫也頒發感謝狀給心道法師，代表新北市民感謝靈鷲山。現場還有宗風表揚活動，包括：大悲傳家福慧圓融——大悲行者表揚、以心印心——生活禪者表揚等。靈鷲山總執行長葛達鎢（Gabor Zsolt Karsai）以國際宏觀的視野，說明靈鷲山生命和平大學的理念，以愛地球、愛和平的核心價值，帶領靈鷲山邁向下一階段志業。最後由靈鷲山國際青年團的哈佛樂團現場Live Band形式演出，象徵世代傳承的願力實踐。

↑來山信眾齊聚在善法大樓慶賀靈鷲山三十四週年慶。

靈鷲山開山三十四年以來，從一片荒煙蔓草進化成心靈聖山，從福隆的山寺變成東北角「心」地標；再從世界宗教博物館到宗教交流與對話的平臺，都是因為有信徒、志工的無私奉獻，讓愛與慈悲的種子播灑全球。

心道法師在活動圓滿開示：「發心發願就是一種啟動慈悲喜捨的生命力。在完成觀音道場、世界宗教博物館後，下個階段將以建立生命和平大學為努力目標，建立多元共生、相依共存的華嚴世界。」也提醒大眾莫忘靈鷲山開山的初心與篳路藍縷的精神，要將優質的觀照力、覺察力、願力都傳承給年輕的一代。

←靈鷲山國際青年團展現年輕人的青春活力，共同將願力世代的傳承下去。

推動新世代的傳承 永續生命的美好

心道法師於靈鷲山三十四週年慶開示

↑心道法師勉勵大眾要發心發願，持續啟動自己慈悲喜捨的生命力。

各位菩薩大德、尊敬的貴賓朋友，你們好，感謝大家來參加靈鷲山三十四週年慶。每年的這時候，我們總是希望靈鷲山繼續普照一切眾生，讓眾生都可以離苦得樂，願我們每一個人都能做到心如虛空、善業如海。

靈鷲山開山以來，篳路藍縷，直到現在成為一個讓我們善業增長、讓社會變得更好、更健康的平臺。在這裡每一個人都用自己的緣分學習佛法，用自己的緣分創造更多生命中的美好。若沒有你們，靈鷲山這個平臺就不會存在，所以要跟大家說一聲「有你們真好」。

靈鷲山是一座非常奇特的靈山，有許多的奇花異草，連海拔三千多公尺以上的植物也能在這裡看到。當初師父來到靈鷲山的時候，這裡的鄉民都告訴我：「你一定住不到半個月就想跑了」。但我是一個非常喜歡冒險的人，就安安心心的住下來了。在斷食閉關完畢後，原本打算回宜蘭的我，覺得這座山實在太特別了，是一個匯集許多靈感的地方。之前我正想找個能夠弘揚佛法、奉獻大眾的道場，直到了靈鷲山，我開始發起菩提心，產生了願力。

靈鷲山是一座很有靈氣的靈山，也是一座聖山。我們應該常常朝山，透過朝山懺悔一切的業力阻礙，從懺悔、感恩、以及禮敬諸佛的心意中，讓我們的心寧靜下來，讓我們更懂得謙卑。所以大家要多朝山，讓靈鷲山更有靈氣。靈鷲山也是觀音菩薩的道場，除了師父本身的觀音傳承，我們更從普陀山請來觀世音菩薩，所以我們應該效法觀音菩薩，世間所有的苦都要去救，大家要特別用心做救苦救難的事。

師父希望大家平常要持〈大悲咒〉，常常持〈大悲咒〉所累積的功德，能讓每個人遠離災難、苦難，得到平安。今年的「大悲閉關21」，我在十一面觀音關房裡持〈大悲咒〉，同時大家在華藏海大講堂持〈大悲咒〉，圓通殿也有信眾在持〈大悲咒〉，今年我們總共持了兩百多萬遍，這真的是一個奇蹟。我們把這兩百多萬遍的〈大悲咒〉，迴向給世間一切眾生，希望世界的衝突、災難能夠因此減少，世界和平、地球平安。

現在地球狀況特別多，不管是氣候暖化、南北極冰山融化、四季不分明等，都在加速地球的變化，地球整體的生態系統已經被打亂，以致現今的災難特別的多。所以我們除了平時在生活中要身體力行愛地球的行動外，我們靈鷲山的僧俗二眾也要上下一心持〈大悲咒〉，願觀音菩薩的慈悲願力，消災解厄、救苦救難。

「慈悲與禪」是我們的宗風，禪就是指我們內心的空間，而慈悲則是指善的世界。我們要護持觀世音菩薩的願力去做傳承，「相信因果勤行善，為利眾生具佛法」，要在慈善的事業裡，推動佛法的永續生命，並相信因果。要常常提醒自我、管理自我，知道每一個起心動念都是種好因的機會。把自己的腦筋弄清楚、弄乾淨，弄到不會執著，讓我們每一個人的生命都具有觀照力、覺察力，也有實踐力以及願力。

大家跟著師父這麼多年，從最初希望宗教間能夠和諧的相處與交流，以尊重、包容不同的宗教，籌建「世界宗教博物館」。未來，靈鷲山希望地球上所有人事物，都能夠相依共存、共濟共生，所以我們正積極地籌備「生命和平大學」。我們延續世界宗教博物館的理念，也就是「尊重、包容、博愛」的理念，推廣生命和平大學的博愛精神，這是我們共同的目標，也是生命和平大學所要呈現的。

靈鷲山這些年希望透過新一代的年輕人，接續傳承與實踐。我們要將這些善業接軌到年輕人的頻道；透過一些活動，與更多的年輕人結善緣，讓大家一起來護持「愛地球、愛和平」的善業。而我們的青年團，也要多給他們一些空間，把靈鷲山的優質善業傳承下去。我們有很多孩子是在靈鷲山長大的，大家要一起來學習，改變生命，讓生命充滿活力跟智慧，也充滿慈悲與感恩。謝謝大家。

柒月
July

檳城千人平安禪暨音樂會
收攝身心 品味心的寧靜

↑現場近兩千名信眾依序坐在草地上，聆聽心道法師帶領的一分鐘平安禪。

靈鷲山馬來西亞檳城禪修中心於檳城植物公園（Penang Botanical）舉辦第二屆「檳城千人平安禪暨音樂會」，由靈鷲山開山大和尚心道法師親自帶領現場近兩千位信眾禪修，收攝身心，品味心的寧靜。

活動期間，突然下起大雨，心道法師堅持在臺上與大眾體驗一場難得的雨中禪修，在師父平安禪四步驟的帶領下，儘管全身濕透，與會信眾依然用心靈去覺知每個當下，領悟生活禪修的奧妙。

當晚音樂會，邀請李佩玲、方炯嘉等馬來西亞知名歌手以及恒毅中學華樂團、靈鷲神鼓隊等精彩演出。此外，還邀請了一群來自檳城兒童禪修班的小朋友們帶動大眾進行「寧靜深呼吸帶動操」，為現場增添寧靜的氣氛。

隔天（07/02），心道法師主持靈鷲山檳城禪修中心動土及灑淨儀式，心道法師表示：「未來這裡將是青年學佛的教育活動中心，也是我們推動愛地球、愛和平的一個國際據點。」

↓「心和平，世界就和平」，心道法師在雨中傳授平安禪法，如雨普潤大眾，享受心寧靜。

宗博暑期夏令親子活動
樂讀世界文化 寓教於樂

↑參與偶戲製作的小朋友們開心合影。

世界宗教博物館今年暑假首度推出四場的「樂讀世界・世界閱讀：親子假日活動」，並於八月十九日至二十日舉辦為期兩天的「樂讀世界・世界閱讀：偶戲創作營」。希望在學的孩子們從具有生命教育意義的活動中，發揮想像力與創造力，了解各種多元不同的文化，體會生命的意義。

「樂讀世界・世界閱讀：親子假日活動」結合博物館各宗教展區文物，讓孩童透過世界各國繪本故事，以及服飾、飲食文化等手作體驗，從各個角度認識世界文化。在四場不同的主題中，宗博館精選相關的兒童繪本，包括：日本傳統民間童話繪本《狸貓變變變》，饒富臺灣文化趣味的童話《草帽飛起來》、泰雅族原住民傳說《祖靈的眼睛》、在越南相當有代表性的中秋節故事繪本《好圓好圓的月亮》，讓孩童透過繪本，從日常生活接觸本地或跨國文化。

親子假日活動在志工姊姊開場的帶動唱活動、體能遊戲、大型人偶互動秀中，讓所有孩童與家長都玩得開心，再由志工引導，靜心聆聽繪本的內容。為讓孩童對不同民族的文化有更深層的認識，活動中穿插傳統服飾展示及安排親子動手做特色美食的活動，包括：日式飯糰、糖葫蘆、原住民傳統食物、越南美食。

接著為期兩天的「樂讀世界・世界閱讀：偶戲創作營」，讓國小四到六年級的學童透過奇幻精靈偶戲表演刺激想像力及表達能力，創造自己的偶戲表演。

在兩天的活動過程中，小朋友完成三齣以「愛的星球」為背景發展的完整偶戲。首先由志工姊姊帶領小朋友參觀並生動活潑地解說「愛的星球」展覽內部的展示設計及代表含意，走過「情緒星球」、「愛的星球」、「自然星球」等展區，做成發展劇情的元素。活動中，志工姊姊引導小朋友將想像力化為執行力，學習如何製作簡易偶戲，從角色繪製、布景設計、偶戲臺裝飾，發揮團隊力量分工合作完成，讓「偶戲創作營」的活動，具有教學深度的基礎。

「樂讀世界・世界閱讀」系列活動表

活動名稱	日期	活動內容
親子假日活動	07/08	聽日本民間故事，動手做壽司
	07/22	聽臺灣民間信仰故事，動手做糖葫蘆
	08/12	聽原住民傳說，動手做原住民傳統食物
	08/26	聽越南傳統童話，動手做越南美食
偶戲創作營	08/19～08/20	「樂讀世界 世界閱讀：偶戲創作營」

靈鷲山與宗博分獲績優團體殊榮

帶動善的種子 締造和諧社會

↑靈鷲山佛教基金會接受內政部部長葉俊榮表揚為績優宗教團體，由顯月法師代表領獎。

心道法師帶領的靈鷲山佛教教團與世界宗教博物館發展基金會，長年舉辦禪修與各式活動實踐社會教化，透過寓教於樂的生命教育啟發慈悲善念，讓善種子得以持續滾動，帶動社會善良風氣，締造和諧的社會，讓人心向善，發揮宗教的社會教化功能。今年分獲內政部與新北市政府頒發績優宗教團體表揚肯定。

今年七月十三日靈鷲山愍慧法師代表出席於新北市政府舉辦之「二〇一七新北市績優宗教團體興辦公益慈善及社會教化事業表揚大會」，由新北市長朱立倫親自頒發「社會教化獎」，肯定靈鷲山無生道場在社會教化中擔任不可或缺的角色。

另在九月一日由內政部於新北市政府多功能集會堂舉行主辦之「宗教表揚大會」，由靈鷲山顯月法師、性月法師、陳國寧館長代表出席。內政部長葉俊榮親自頒獎表揚兩百多個宗教團體，靈鷲山佛教基金會、無生道場以及世界宗教博物館發展基金會同時獲得表揚殊榮。

靈鷲山佛教教團是以禪推動生命教育的佛教團體，以「愛地球、愛和平」的靈性生態觀，以及寧靜運動進行心靈環保，實踐禪文化與愛地球的環保精神。世界宗教博物館發展基金會自成立以來，本著「尊重、包容、博愛」的理念，與各宗教維持良好互動，也把生命教育作為宗博館提升靈性品質、推動社會教化的志業。心道法師曾開示：「我們要讓善種子持續滾動，帶動社會善良風氣，締造和諧的社會，讓人心向善，因為心和平，世界就和平。」

←靈鷲山無生道場接受內政部部長葉俊榮表揚為績優宗教團體，由性月法師代表領獎。

←世界宗教博物館發展基金會接受內政部部長葉俊榮表揚為績優宗教團體，由陳國寧館長代表領獎。

上海「三日平安禪」
放下內心塵垢 讓心解套

↑心道法師帶領學員行禪，隨著腳步沉澱自己內心的塵垢。

心道法師受上海明心讀書會之邀前往上海青埔親傳平安禪法，心道法師希望透過禪修，教導學員明亮自我的身心。這次三日的平安禪修課程，參與的學員除了有上海的學員，更有來自北京、杭州與鄭州的學禪弟子。

禪修課程中，心道法師要學員放下生活繁忙的壓力，享受三日的禪修生活。心道法師傳法開示時表示，「我們在參禪的過程中，把心的塵垢沉澱下來是要有方法的，如果在方法上能夠清楚又專注，我們也就比較能夠看到心的安定。大家好好學習禪修的方法，回家之後能夠反覆的使用，時時讓自己的心歸零，也就能對自己的壓力解套。」

在三天的禪修課程中，心道法師看見大家對習禪的好樂與精進，也允諾大家，未來有機會也定會常常回到中國傳禪法，以期利益更多的學禪弟子。

靈鷲山兒童快樂學佛營
在愛與寧靜的力量中學習

靈鷲山臺南分院舉辦三天兩夜的「兒童快樂學佛營」。廣招全臺各地三到六年級的學童參加，希望能透過課程的安排，讓學童瞭解佛法的基本概念，藉此習得寧靜與感恩的力量。

這次兒童快樂學佛營的幕後團隊，由靈鷲山全國各地的青年團成員組成。以「正面、積極、樂觀、愛心、願力」為大家分組，引導孩子學習五德的思維方式，讓每一個身口意都在正念上。兒童版的「佛門行儀」，也讓孩子在每一次禮佛問訊的動作中，生起尊敬三寶的心。孩子們跟著授課法師一起，將「五佛珠的由來」與「四給」以繪畫或短劇演繹的形式，體會佛法融入生活。在戶外舉辦的闖關遊戲「讓鞋子飛」，也讓所有孩子們，玩得不亦樂乎。最後來自臺中的心寧靜教師團的老師，帶領孩子們吟唱「心寧靜之歌」，讓孩子認識寧靜手環，體驗行禪的基本動作，學習用「心」去覺知腳步的移動。

最後法師也向孩子們介紹《般若波羅蜜多心經》這部經典，希望孩子在認識佛學的同時、養成親近佛法的習慣。在未來遇到任何困難，隨時練習撫平自我的情緒，在無量佛法中找到智慧。期待明年與孩子們再次相聚，繼續將佛法的喜悅傳承下去。

←在臺南分院參加「兒童快樂學佛營」的小朋友們，在青年團哥哥姊姊們引導下親近佛法。

直觀見性 曾定榆－烏木雕個展：在禪修中與心靈對話

↑曾定榆老師投身藝術創作逾四十年，作品約達兩千多件。

世界宗教博物館與臺灣工藝藝術家曾定榆二度合作，在宗博文化生活館舉辦「直觀見性曾定榆——烏木雕個展：禪思系列與心靈的對話」。展出的作品共有一百一十五件，以唯美視覺與沉穩為特色，外型有如修行者般的簡單線條，柔潤中看到謙卑，簡樸中看到感動，展出的第一天就吸引逾百人參觀。

開幕茶會當天（07/29），世界宗教博物館館長陳國寧開場致詞表示：「曾定榆老師每一件人物雕刻作品，都能引領參觀者進入內心的沉澱與省思，與宗博館創立的宗旨與目標一致，也如同宗博館創辦人心道法師強調的禪修精神。」

曾定榆老師為國寶級木雕創作者，投身藝術創作逾四十年，創作的媒材，包括有國寶級烏木、廢棄的漂流木等。從曾定榆老師不同系列作品中，深刻感受到作品傳遞的震撼力及表達的精神與意念。

現場蒞臨的貴賓資策會顧問何文雄、前新竹縣文化局長曾煥鵬、工藝研究所副主任陳泰松等人，對於這次展出的系列作品紛紛讚歎。為了讓更多喜愛木雕藝術的民眾有體驗機會，宗博文化生活館也特別開設由曾定榆老師親自教授的「木雕手作工坊」課程，希望藉由這個互動，激發民眾潛在的智慧與美學素養。

捌月

August

宗博館民俗文化雙特展
一窺臺灣宗教繡品藝術發展

↑從臺灣首廟天壇收藏的繡品工藝與紋飾寓意中，見證臺灣文化的變遷。

世界宗教博物館與臺灣首廟天壇、國立臺南藝術大學藝術史學系合作舉辦「繡裡乾坤 —— 寺廟繡品的故事：臺灣首廟天壇收藏精選特展」；另與新莊文化藝術中心、新店文史館、李天祿布袋戲文物館舉行「李天祿布袋戲特展暨巡演」。

透過臺灣首廟天壇、經文社，以及天壇收藏精選的織繡品，從寺廟織繡品的功能、工藝與紋飾寓意中，見證過去一甲子臺灣經濟變遷及社會背景的轉換，展現臺灣人對天的崇敬、地方發展及信眾賦予寺廟織繡品的文化內涵。另規劃不同織繡技法的樣品區，讓觀眾可以近距離觸摸與觀察這些織繡技法的異同。

宗博館六樓第二特展區則展出「李天祿布袋戲偶服飾繡品展」，共展出六十九件布袋戲戲服、裝飾配件等。戲劇主題與角色，多數仍保留著明清時期的服飾風格，尤其是手掌大的戲服上，刺繡花樣、裝飾、服色細心考究獨具特色。

↑家長帶著小朋友前來參加布袋戲工藝頭盔製作課程。

特展開幕當天，邀請臺南的臺灣首廟天壇經文社帶來祈福演淨科儀儀式，迴向現場貴賓並祝福展出圓滿。新北市文化局長林寬裕、國立臺南藝術大學校長詹景裕、國立臺南藝術大學藝術史學系教授黃翠梅、國立政治大學宗教研究所榮譽講座教授李豐楙、日本武藏大學教授水口拓寿以及靈鷲山法師也一同親臨與會，盛讚猶如一部臺灣宗教繡品藝術發展史。

「繡裡乾坤——寺廟繡品的故事：臺灣首廟天壇收藏精選特展」系列活動表

日期	名稱
8/6	臺灣首廟天壇既存古物調查與研究——以宗教繡品為例 主講人：黃翠梅（國立臺南藝術大學藝術史學系專任教授）
9/2	刺繡示範講座：府城光彩繡莊——老技藝、新生命 主講人：林玉泉（府城光彩繡莊老繡才） 林婕瑀（府城光彩映縷門總監）
9/10	臺灣首廟天壇的古往今來 主講人：陳淑鈴（臺灣首廟天壇秘書）
9/17	奉天承運、受命於天——漫談臺灣天公信仰 主講人：溫宗翰（靜宜大學臺灣研究中心執行長）

「技藝新北——薪傳世代新動力：李天祿布袋戲展演」系列活動表

日期	名稱
9/10	工作坊：布袋戲工藝——頭盔製作
9/24	亦宛然掌中劇團演出《西遊記之火雲洞》

福智僧團來山參訪
佛法交流 普照世間

↑心道法師於圓通寶殿帶領福智僧團的僧眾法師體驗平安禪。

福智僧團在現任住持如淨法師帶領下，率五十七位常住僧眾法師，前來靈鷲山進行僧眾教育交流與參訪。

僧團一行人在抵達無生道場後，由靈鷲山僧眾接待，一路從聖山寺到上院的天眼門、多羅觀音等聖地參觀，讓每位法師感受到融合在大自然與山海天人的修道環境。隨後，前往圓通寶殿，由靈鷲山開山大和尚心道法師親自帶領平安禪修。心道法師與僧團分享自身修行體悟，走入菩薩道的心路歷程。心道法師勉勵大眾說：「當我們回到心性光明時，就會產生慈悲的力量，這時的慈悲心就是真正的慈悲心，對於眾生的愛是沒有分別的。」

靈鷲山曾於二〇一六年十二月在首座了意法師帶領下，率常住法師參訪雲林斗六的福智僧團湖山分院及慈心有機農場，對其僧才培育與教育制度、以及有機自然農法進行深入的交流與學習。此次福智僧團來訪，靈鷲山首座了意法師也向其介紹靈鷲山的教育體制，跨宗教交流的多元合作，及在緬甸籌建生命和平大學的願力。

參訪圓滿時，福智僧團住持如淨法師特別贈送一尊長壽佛，祈願心道法師常住世間、法輪常轉。師父也回贈象徵二十四緣的寺徽，期盼佛法及教育的交流，讓佛法普照世間。

參訪行程圓滿後，福智僧團常住法師特別回訊表示：「心道長老實修的精神令人感動，實證的足跡更是吸引修道人的注目。」特別是走進各教派融合善願力，改變世界，偉大菩薩行誼，無比敬佩。也對於靈鷲山慈悲與禪的宗風，教育系統、相關志業及跨宗教交流的多元發展，與生命和平大學的願力，都有更深層的了解。

聖山寺志工淨心營
潔淨自心 讓心放假

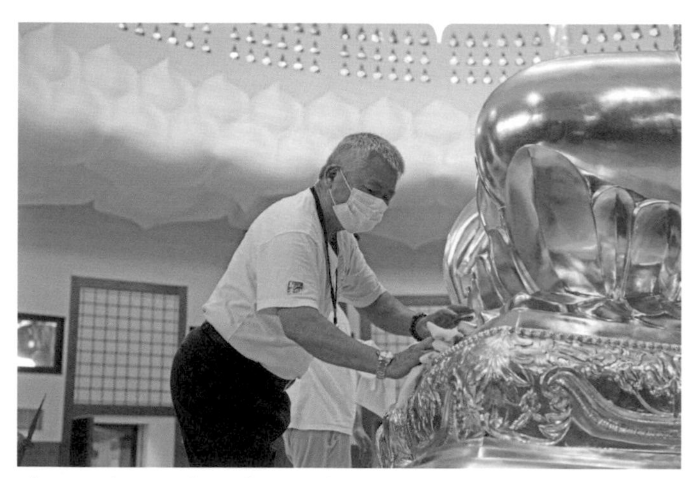
↑聖山寺志工在淨佛過程中，也潔淨自我的心。

靈鷲山下院聖山寺有一群熱愛服務的志工朋友，長期為來山的信眾服務。為感謝這群志工，聖山寺特別舉辦宗風體驗之「志工同心營」的淨心活動，讓這群志工不同於平常的志工服務，親自體會修行的美好。志工平時利用自己休假時間來排班，發心維護聖山寺從內到外的環境。例行作業有淨佛、大寮煮食、殿堂導引等，讓來寺參訪的民眾感受身心自在與舒適。

活動當天，由常住法師帶領「平安功法」，把平日工作的勞累，在舒展筋骨、吐納練習中慢慢卸下。金佛殿的〈大悲咒〉共修，讓志工在咒音中減少外在世界的影響，並散播善念。接著為金佛殿除塵的「淨佛」行動中，也清淨了自己的心。

到了下午日曬較少時，志工們前往「朝山」朝禮聖山諸佛。循著傳統的朝山儀軌，七步一跪拜的懺悔自我，抵達多羅觀音前，常住法師講述一個「拍掌遊戲 ，透過「禪語」提醒大家，不要時常用過往的回憶修理自己，現在已是當下，要隨時提醒自己聽到幾個掌聲。晚上則在「用眼談心」的電影賞析中，結束一天的課程。隔天，在常住法師平安禪引導中，前往「海邊禪修」。最後在「蔬食體驗」與「大悲餅教學」中，讓志工們身心靈都獲得最大的滋養。

所有志工都是在佛的接引下認識靈鷲山，希望大家帶著禪修與持咒兩份安定身心的禮物，繼續把聖山精神傳承下去。

靈鷲山第五屆亞洲宗風營

凝聚共識 實踐慈悲

↑第五屆「亞洲宗風營」集結靈鷲山亞洲各地學員，前來與師相聚。

靈鷲山「亞洲宗風營」每一年由亞洲各國的佛子們輪流籌辦，學員透過相聚的機會，學習靈鷲山慈悲與禪的宗風、分享學佛的經驗與心得。今年為第五屆「亞洲宗風營」由印尼雅加達及萬隆的佛子們承辦，來自亞洲各地，包括中國、臺灣、香港、泰國、新加坡以及馬來西亞的吉隆坡、檳城與柔佛等地共一百多位學員前來聚會。

↑亞洲宗風營學員一同學習靈鷲山「慈悲與禪」的宗風，分享彼此學佛心得。

心道法師在圓滿日當天，親臨現場帶領學員領受平安禪法，並對大眾開示：「學習佛法，除了自我的解脫之外，更要發起幫助眾生的菩提心，我們對這個世界有一份使命，這也是我要推動生命和平大學的原因。現今天氣異常變化、南北極的雪快速融化，接著物種會開始消失，人類也會生活不下去。我們要透過生命和平大學，把地球的問題找出來，凝結共識，找出實踐愛地球的方法。我們已經點燃了這把火，而每一個人都是基石，要把這份愛連結到全世界。宗教的使命是共同創造多元共生、相依相存的博愛世界，這正是生命和平大學要做的。」

新北兒童消防夏令營
透過寓教於樂 學習救災認知

↑參加犀力士消防夏令營的國小學童，特地來到靈鷲山參觀。

新北市消防局第六救護大隊邀請靈鷲山共同舉辦「防災犀力士盛夏奇幻之旅歡樂夏令營」，共分為八月八日、十一日兩梯次，為國小學童進行「消防小尖兵」的消防訓練，透過遊戲學習防災觀念及救災救護知識。

在活動正式開始前，由心寧靜教師團老師歡迎學童來到靈鷲山。心道法師也在得知有兩百位「消防小尖兵」來訪，特地前來圓通寶殿與大家見面，親自帶領小朋友體驗寧靜一分禪。大家跟著心道法師的寧靜口訣「深呼吸、合掌、放鬆、寧靜下來、讓心回到原點」，現場寂靜無聲，這對尚處年幼的孩童來說，非常難得。

禪修體驗完畢後，小朋友們前往下院聖山寺用餐，開始進行有趣的消防遊戲。學童分成五組，由具備消防專業知識的大哥哥、大姊姊帶領認識救災系統，也穿上消防員裝備進行闖關遊戲。戶外的消防車，更是精心設計地震實地演練，讓小朋友上車躲在桌子底下，親身體驗地震的震撼感。「防災犀力士夏令營」希望以寓教於樂的方式，教導學童正確的救災認知。

↑小朋友在心寧靜教師團的引導下，學習一分禪，體驗「心靈防火」的全新感受。

新北市消防局第六救護大隊相當感謝靈鷲山提供場地協助兒童消防夏令營的進行，特頒感謝狀給靈鷲山，靈鷲山悉慧法師也代表回贈一尊成功佛給消防局，並表示：「非常歡迎大家來到靈鷲山，希望小朋友們把這些防災地震的消防知識都學起來。」這場與佛結緣的兒童消防夏令營，小朋友玩得盡興，也學習了許多消防救災常識，別具意義。

響應認養海灘計劃
揪團淨灘愛地球

↑靈鷲山上下一心落實淨灘活動。

環保署在四月二十二日世界地球日發起「全國揪團認養海岸淨灘」計劃，廣邀各企業、宗教團體、民間組織、村里部落等認養海岸，希望各方團體落實淨灘工作善盡維護環境的責任。

靈鷲山積極推動「愛地球、愛和平」運動，與環保署計劃不謀而合，為延續心道法師的願力，從今年八月開始，在心道法師的願力下，靈鷲山志工自發性的認養新北市貢寮區的石碇溪步道海岸，期盼號召更多志工當「淨行者」。

淨灘志工不分上下老幼，徒手彎腰撿拾垃圾。海灘上的垃圾種類為數眾多、五花八門，諸如塑膠袋、鞋子、魚網、玻璃瓶、吸管、火箭筒殘骸、保麗龍、瓶蓋、保特瓶、烤肉架、塑膠箱、碎玻璃等，充斥人為垃圾，對海洋生態與環境的影響甚大。因此，除了垃圾撿拾，淨灘志工還需同時做好每月統計數據，配合長期數據分析與定點淨灘，做好垃圾監測及垃圾源頭減量，達到環境與生態保護的目的。

此次認養海岸淨灘活動，心道法師也特地囑咐，不只淨灘，也要淨心，淨灘時不要閒談雜話，全程持誦「嗡嘛呢叭咪吽」六字大明咒；回程時持奉送咒「嗡，乏吉拉，目契，岔母」一百〇八遍，迴向地球平安、地方平安、闔家平安。

玖月

September

靈鷲山第二十四屆水陸空大法會

以殊勝的力量 普施萬物眾生

↑靈鷲山每年水陸法會遵循古禮進行八天七夜的莊嚴佛事。

靈鷲山每年農曆七月，遵循古制儀軌進行八天七夜的「水陸空大法會」，今年於九月六日至十三日在桃園巨蛋體育館舉行佛事。普度不只是對歷代祖先的追思，更要以慈悲心與眾生萬物和解，今年以「日日齋戒心、生活簡單過」為主題，希望落實「齋戒、布施、懺悔、簡樸」的生活原則，達到維護地球環境永續。

法會第一天啟建梁皇大壇灑淨儀式，邀請緬甸仰光全國上座部佛教巴利大學校長鳩摩羅尊者（Bhaddanta Kumara）主法八關齋戒授戒法事。梁皇大壇上，尊者以巴利語帶領大眾，誦讀乞受八戒、禮敬佛陀、三皈依、八戒等經文。五百多位在家弟子受持一日一夜的八支戒法，因戒生定發慧。同時在場外，邀請桃園地區三十一間宮廟代表及地方鄉親出席「宗教聯合祈福會」，共同點亮天燈祈願，以宗教團結和諧的共振能量，為八天七夜的水陸法會揭開序幕。

今年水陸法會，心道法師親臨《坐禪的力量》新書發表會，書中記錄師父從坐禪到慈悲、慈悲到行動的歷程，吸引多位信眾到場請書。九日凌晨，由心道法師親自開啟內壇結界佛事，現場數千名穿著海青的信眾，在莊嚴的持咒聲中開始了內壇結界儀式。同天下午，全球各地的青年團與榮譽董事也分別「與

師有約」，把握難得與上師面對面的機會，與師對話

十一日由鳩摩羅尊者主法「齋僧儀式」中，齋主發心供奉三寶，僧眾法師慈悲應供，利益眾生。最後圓滿送聖的前一天下午，靈鷲山慈善基金會舉辦「愛心贊普」捐贈儀式，與四千三百戶有需要的家庭及四十二個慈善團體結緣，落實水陸法會「大普施」的精神。

這場富含生命大和解意涵的盛筵，佛事如法如儀，場外的布置與活動也與時俱進，突顯靈鷲山近年推動的「愛地球、愛和平」理念。

↑機器人 Zenbo 在水陸法會現場擔任愛地球與愛和平的大使。

↓心道法師邀請桃園市長鄭文燦及桃園各地宮廟代表出席宗教聯合祈福會，祈願水陸法會順利、世界和平。

傳承水陸善業 孕育和平種子

心道法師水陸圓滿送聖開示

↑心道法師於水陸法會圓滿送聖開示。

各位菩薩大德，阿彌陀佛！

首先，感恩三師和尚及所有法師們主持水陸儀軌流程，也感謝齋主的全心護持、志工們無私的奉獻，以及其他默默支持、發心的大眾。正因有著大眾的信心與願力護持，靈鷲山水陸法會才能夠圓滿。

這七天下來，大家又是拜佛、供養，又是聽經聞法，像是到佛國世界旅遊一趟。現在準備各自回家了，那麼我們給佛菩薩送行，願過往的有緣眷屬都踏上西方船，讓阿彌陀佛、觀音菩薩接引他們，抵達西方極樂世界。

水陸法會舉辦第二十四年了，很多老弟子從以前跟著師父到現在，大家走路、拜佛都變得吃力了，但唯一不變是臉上的笑容，還有發自內心的喜悅。現在也多了許多年輕志工以及第二代的功德主，都讓我感到相當欣慰。靈鷲山水陸只要有傳承，佛法的香火就不會斷。

水陸的儀軌是一場法界立體的教化與觀修，從壇城設計到硬體象徵的呈現。不只要能守護壇場，也要警覺大眾，提起念佛、念法、念僧的正念。弟子們呈現的威儀、態度，都要以正面、積極、樂觀、愛心、願力來執行，所有待人接物都要做到給人歡喜、信心、希望與方便。

除了如法的儀軌、壇城的顯現，還有一個重要的傳承，就是以法供養來攝受眾生。每堂佛事之前，主法法師會將法會儀軌的意義與作用，向大家清楚說明。幫助大家觀照修行，使當下的心念能清楚連結經典文字的聖言量，以及儀軌壇城的表徵意涵，導航眾生轉識成智，觀想成就佛的法、報、化三身。這就是拜佛禮懺、修齋供養的最終目的。

最初師父與幽冥眾生結緣，是在墳場苦修的時候，念天地之悠悠，只有我自己一個人在那裡打坐。在把心寧靜下來，遠離一切執著時，慢慢發現「心」的力量。「禪」能使心中升起無限的能量，讓生命擁有無盡的慈悲，也讓我發起更大的願力。於是以靈鷲山為起點，利益一切眾生，創立「世界宗教博物館」，再到現在，發展全人教育的「生命和平大學」，去推廣愛地球、愛和平的運動。這是時代的使命，也是觀音菩薩的指令。現在我們在緬甸，將以佛法為基礎，成立愛地球的專業，培育愛和平的種子，希望大家共同來推動和成就。

水陸法會就是冥陽兩利，轉換六道眾生的記憶體，做生命大和解的工作。我們要讓全球各地越來越多的願力委員不斷加入，把大家的善業連結下去，形成水陸的大功德，也是支持水陸永續下去的力量。

空花佛事，時時要做；水月道場，處處要建。因為眾生習氣需要不斷被轉換，所以大家回去後，要一直精進在慈悲與禪的宗風上，更要在生活中落實水陸精神，圓滿一切事，成就一切法。

祝願大家事業圓滿、道業精進、所求如願、諸事吉祥。阿彌陀佛！

心道法師出席國際供佛齋僧大會
擁護三寶 儲蓄善業

↑心道法師受邀為國際供佛齋僧大會致詞。

靈鷲山開山大和尚心道法師繼二〇一六年後，今年再度受國際供佛齋僧功德會邀請，率靈鷲山常住法師前往國立體育大學綜合體育館（林口體育館）應供。現場與會的高僧大德來自各方，慈悲應供，令在場信眾獲得無量善法功德。

心道法師致詞表示：「感謝國際供佛齋僧大會的邀約，再次來到這場殊勝的供僧大會，我內心有著無比的感恩與信心。供僧等於供養三寶，三寶是我們生命的方向，是生生世世的福田，供養三寶可以長養一切善法功德，讓我們生起智慧跟福德。生起智慧就是證悟空性，生起福德是來做慈悲的事。

感恩大家發心長期齋僧供佛、擁護三寶。祈願三寶長久住世，讓人類的災障劫難消除、地球平安。阿彌陀佛！」

泰國菁英平安禪修
洗滌心眼 覺知光明本性

心道法師前往泰國弘法，於靈鷲山泰國禪修中心帶領平安禪。第一天來學習禪法的學員多為泰北地區聖心中學的校長及老師。希望這些老師們在學習禪法後，日後都能成為推廣泰北寧靜運動的種子師資，讓更多學子受惠。第二天則為大眾舉辦一日平安禪，邀請泰國當地民眾一同參與，期以禪修安定身心、和諧世界。

心道法師開示：「透過禪修，覺知光明本性，了解生命共同體就是生命的本質，期許大眾以禪修連結宗教力量，共同為眾生祈禱，讓心和平，也讓世界和平」。

↓心道法師親臨泰國禪修中心帶領平安禪修。

天主教緬甸樞機主教薄茂恩與師會面

聯合跨宗教力量 實踐愛地球志業

↑心道法師於緬甸仰光與天主教樞機主教薄茂恩會面，表達希望與天主教共同合作推動和平志業。

心道法師於「生命和平大學緬甸智庫會議」前夕，先行於緬甸仰光大善園寺會晤了天主教駐緬甸樞機主教薄茂恩（Card. Charles Maung Bo, S.D.B）。

今年五月，緬甸政府甫與梵諦岡建交，天主教駐緬甸樞機主教薄茂恩得知緬甸出生的心道法師長期為緬甸和平志業的付出與努力，便希望透過安排拜會心道法師。在因緣安排下，兩人於心道法師的故鄉緬甸相聚。

心道法師代表靈鷲山邀請天主教一同加入推動生命和平大學的行列，為世界的和平教育努力；而薄茂恩樞機主教則表示，今天的歡喜相聚是開啟天主教與佛教於緬甸合作的第一步，而心道法師對於和平志業的長期投入更是眾人學習的典範，主教也表示期待與心道法師的合作。心道法師表示：「現正進行『生命和平大學』愛地球的實踐計劃，是所有宗教的使命，邀請天主教一起合作，以教育的方式，共同合作。」心道法師邀約主教參與「生命和平大學緬甸智庫會議」，主教應允出席，希望天主教與佛教的交流與合作，為地球的未來做出更好的服務。

生命和平大學緬甸智庫會議
以教育開展愛地球運動

↑各國專家學者顧問團隊，前來緬甸與會「生命和平大學智庫會議」。

繼今年五月於德國雷根斯堡（Regensburg）舉行第一次的「生命和平大學智庫會議」後；第二場會議於九月二十七日至二十九日於緬甸仰光召開，並在三十日帶領國際顧問前往生命和平大學預定地弄曼參訪。

第二場生命和平大學智庫會議，邀請來自全球各地的專家學者來到緬甸，為第一場會議做延續性探討。邀請學者專家包括：緬甸仰光全國上座部佛教巴利大學校長鳩摩羅尊者（Bhaddanta Kumara）、緬甸撣邦木傑縣Loi Tain Kham寺院方丈蘇卡明達尊者、仰光Aung-Da-Gon Pariyatti教育中心教授Ashin Ketu尊者、德國慕尼黑大學教授同時也是會議主持人Michael von Brück教授、德國全球腦神經研究權威Ernst Pöppel 教授、前哈佛大學宗教研究中心主任蘇利文教授（Dr. Lawrence E. Sullivan）、菲律賓馬尼拉大學經濟學Cielito Habito教授、北京大學宗教文化研究院名譽院長樓宇烈教授、臺灣聯合大學系統校長及中華民國前教育部長曾志朗博士等，一同與會討論。

第二天晚上，心道法師帶領大家前往緬甸大金塔，讓大家感受緬甸佛國的殊勝磁場，許多第一次來到緬甸的外國學者，驚歎著佛國聖地的純淨。第三天會議結束，一行人前往臘戍弄曼大善園寺，參訪大善園寺沙彌學院，親見心道法師培育的和平種子，在緬甸佛國的滋養下，為世界和平與佛教的傳承做最好的延續。

心道法師表示：「這次會議的目標是號召大家從靈性覺醒出發，立基在『愛地球』理念上，設計出完整的『生命和平教育與學習系統』。」針對第一場會議之理念延伸開始進入課程內容討論，目的是將生命和平大學未來的課綱做初步的建制。

←德國全球腦神經研究權威 Ernst Pöppel 教授聆聽各國學者發表。

←德國慕尼黑大學教授同時也是生命和平大學智庫會議主持人 Michael von Brück 教授。

←臺灣聯合大學系統校長及前教育部長曾志朗博士，一同與會討論。

拾月

October

生命和平音樂會
創造愛地球愛和平心運動

↑大家揮舞手上的燈光，宣告生命和平大學正式啟動。

靈鷲山十月八日、十日分別在高雄社教館、台北國際會議中心舉辦兩場「生命和平音樂會」，以「一秒愛地球，和平心世界」為主軸，在祥和的音樂與平安禪的寧靜口訣下，凝聚每個人對愛護地球的善念，並宣告「生命和平大學」正式啟動，邀請各界共創「愛地球、愛和平」的新生活運動。

音樂會一開始以「十鼓擊樂團」的鼓樂，演出地球失衡造成的災難和痛苦。再由新逸藝術室內樂團的笛聲象徵呼喚出新生命，與鋼琴家黃裕翔、中小型管弦樂團、台裔天才小提琴家廖姵珽的樂音，演譯出以慈悲療癒地球的感動。音樂會第二階段以靈性為基調，由曾獲金曲獎最佳原住民歌手的以莉・高露，找回人與地球和諧共生的頻率；串接南投縣民和國中濁岸合唱團以優美乾淨大地之音的氛圍，帶出愛地球需要希望和展望的力量支持。

十日台北場特別邀請到台北市長柯文哲、亞太區童軍基金管理委員會主席趙守博、行政院體育運動發展委員會委員陳雨鑫、內政部移民署專門委員陳文欽、前行政院金管會主委李瑞倉、財團法人王月蘭慈善基金會副執行長許蓮聰、壹電視主播陳雅琳等貴賓到場。

心道法師現場帶領一分鐘平安禪，讓所有與會者感受到寧靜的力量，並開示：「我們要用心的和平來轉化地球的業力，而靈性教育是和平的基礎，啟發我們內在的愛與智慧，消融煩惱回到內在的和平。『愛地球、愛和平』運動不只是宗教的使命，也是我們每一個人對地球的使命。我們從靈性教育播下愛和平的種子，籌建生命和平大學，培育新一代有願力的領航者，共振出良性循環的目標。」

↑南投縣民和國中濁岸合唱團以優美乾淨的歌聲，引導出大家對愛地球的共識。

活動進行到最後，大家手中揮舞燈光，象徵一顆顆發芽的善種子，由靈鷲山國際青年團帶領現場大眾一同唱出「無限可能」。主持人也帶動大眾共同發願「一秒愛地球，和平心世界」、「愛地球，愛和平」，讓現場氣氛沸騰到最高點。

讓內心的和平 帶動地球平安
心道法師於生命和平音樂會開示

↑心道法師於生命和平音樂會中向大眾宣告「生命和平大學」正式啟動。

各位貴賓，大家晚安，謝謝大家來響應「愛地球、愛和平」的生命和平音樂會。愛地球不僅是做環保而已，要真正的做到愛地球就要回歸生命的和平，讓我們的心寧靜下來，回到原點，從內心的和平產生共振、和諧的力量，讓和平的能量帶動地球的平安。

靈鷲山長年推動「自然文明生活禪」，是希望大家在科技發達的繁忙生活中，回歸與自然的聯繫，過簡樸的生活，用生活禪來讓生命達到和平，用心和平轉換地球的業力，維護多元共生的全球生態體系，實踐「愛地球、愛和平」的生活運動。

世界本是互濟共生、彼此相依共存的，但因為人類貪得無厭的心，造成現今地球的生態危機。從都市森林到鋼筋水泥的摩天高樓；工業廢水隨意流入河流海洋，汙染水源，破壞水生物的棲息地；人造的垃圾泛濫成災，所有塑類產品囤積在土地、讓陸地及海中的生物大量誤食，無法消化而逐漸死亡；人類為便利生活，產生的一氧化碳等廢氣，造成大量製造空汙；甚至大規模武器演習、核試爆等造成的毀滅性傷害，都在加速地球暖化、造成全球生態的滅絕。

地球上的汙染會交互影響，破壞地球的循環，讓生態的記憶失常，造成混亂。人類下一代的生存，將岌岌可危，令人憂心。所以，現在大家要不分國家、地域、種族、宗教，一起找回愛地球的共識，地球才能夠恢復「常道」。現在地球的生態破壞已經到達臨界點，很難恢復，但是至少停止讓它惡化下去，我們要把地球的生態倫理找回來，運用專業建立起善業的生活並延續下去。宗教界對人類生命傳承是有很大的責任。為此，靈鷲山邀請多位宗教界朋友，連結愛地球的共識與使命，將這份運動推動到學術、企業及政治圈，這就是我們的生命和平教育，也是一項社會運動。

我們的世界是種子的世界，我們要從「因」做起，播下新的種子就可以期待未來產生改變和效益，也就是所謂的華嚴世界。當我們播下「愛地球」的種子，就是種下「共好」、「共善」的「因」。讓這顆「共好」、「共善」的「因」成長、延續下去，就會啟動新的循環，創造生態永續的未來。

要啟動轉變，靈性覺醒是一個關鍵，靈性覺醒就是知道，不覺醒就是不知道，知道就會覺醒，也就可以找出讓地球健康的方法。即使是物質也是具有靈性的，都會有記憶。自然運行的法則，都是照著記憶的設定走的。科技文明的發展趨勢不能與自然物種的生態背道而馳，這是靈性覺醒的關鍵。地球的生態本身有自己的自然循環體系，當人類無知的行為，造成循環體系的破壞，造成四季的混亂，導致物種的記憶錯置，無法正常孕種，這會讓物種面臨滅絕的危機。以地球暖化的問題來說，我們能清楚的明白暖化怎麼發生的？人類做了什麼事造成這樣一個後果？知道就會轉換，當靈性覺醒，觀念會轉換，心念會轉換，生活會轉換，社會行為也會跟著轉換。大家一起找出可行的與自然和諧共生的生活方法，來淨化地球。避免消費主義，轉換成為簡樸的生活，這些都是靈性覺醒後採取的轉換，愛地球的作法自然而然的就會產生出來，只要我們做好，整個生態環境也就自然的療癒。

地球跟人一樣都是有機的生命體，為了地球的永續，我們第一要務就是造福地球。以宗教的力量來覺醒人心的良善循環，以人心改變地球磁場。讓世界不物化、不對立、不浪費；讓靈性的聖潔，展現在每一個人日常的生活。我們不要要求太多，平平實實地去過，吃得飽、穿得暖就好，要懂得節約、不浪費。在心態上用正面、主動、積極、樂觀的態度，過著簡樸、乾淨、善意的生活。防止地球陷入災難的危機，這是我們做這個音樂會主要的目的，讓我們用這份的共振力量，在這個宇宙大道場當中，在地球的大家庭中，萬物共處、共修、互濟共生。我們要珍惜眼前的每一個因緣，珍惜每一個資源，讓地球平安。今天相當感謝大家的蒞臨，讓我們一起用和平的心，博愛一切的生命，慈悲地球，慈悲人類，讓地球永續，也讓生命永續，謝謝大家。

10/13~10/15

北京淨心苑平安三日禪
學習攝心離相解脫

↑心道法師前往中國北京「沐和淨心苑」教授平安禪修。

心道法師受邀前往中國北京郊外「沐和淨心苑」教授當地學員平安三日禪。

學員在簡樸寧靜的環境裡，以一顆沉靜的心，享受自我寧靜的時光，找尋自心安住的空間。這次有來自北京、上海、鄭州、福州的學禪弟子，放下自身瑣事，全然的浸淫在心道法師的禪法中。

三日的禪修課程中，心道法師親自引領學員體驗戶外行禪及平安禪法，教導學員要突破自己原有的思惟，把「我」處理掉，消融掉我執，進而找到大我，做出無私的奉獻，這才是學佛最重要的價值觀。禪修的目的在於攝心，讓心離相達到解脫，回到不生不滅的道路，也就是生命的原點。

圓滿日當天，學員為心道法師提前暖壽，以京劇、樂音及舞蹈表演做供養，讓在場所有人深感中華文化的美妙，心道法師也感謝弟子們別出心裁的用心演出。在大眾一同唱出感恩上師的點燈偈頌時，心道法師勉勵在場的信眾：「生日就是要有願力，希望大家發菩提心成就佛道，這個願力長長遠遠、生生世世，是個好願力，不息滅的願力。」

↑心道法師親自引領學員體驗戶外行禪。

秋季祭典暨大悲觀音更密無上圓滿施食大法會

祈毗盧仁波切乘願再來 廣度眾生

↑心道法師率領四眾弟子共修，祈願毗盧仁波切乘願再來繼續弘揚法脈。

靈鷲山聖山寺善法大樓連續兩天啟建「秋季祭典暨大悲觀音更密無上圓滿施食大法會」，第一天先行啟建「五大士燄口」，第二天舉辦「大悲觀音薈供、度亡煙供」，引領眾生前來聞法受食，利益眾生。聖山寺每年的春、秋祭典在接引歷代祖先往生淨土同時，也超薦濱海公路發生事故的亡靈，讓大眾往來東北角濱海都能出入平安。

心道法師早年在塚間修行時，感受到幽冥眾生墮入惡道之苦，遂發願每年啟建圓滿施食法會超度祂們。更在二○○四年得藏密傳承之後，擴大啟建為

「大悲觀音更密無上圓滿施食法會」。今年九月寧瑪噶陀派毗盧遮那化身轉世第三十六世錫欽毗盧仁波切（Zhichen Bairo Rinpoche）示寂，心道法師承蒙仁波切授法二十三年之無上恩德，特在圓滿施食法會時，率領四眾弟子共修「遙呼上師迅速轉世祈請文」，祈願仁波切速速乘願再來，繼續弘揚佛陀珍貴法脈。

下午修法圓滿後，心道法師帶領弟子點燈，為毗盧仁波切祈願：「今天大家修的觀音救度法，正是靈鷲山的傳承上師毗盧仁波切親傳而來，大眾一同為仁波切點燈，感恩傳承上師的法教恩德，也希望大眾如理學習佛陀法教，學習上師弘法度眾的精神。」

↑在「秋季祭典暨大悲觀音更密無上圓滿施食大法會」上，信眾虔誠共修，願眾生聞法受食，往生淨土。

東南亞宗教交流和平之旅
柔佛、吉隆坡觀音法會

↑各界宗教代表一同參與心道法師「七十大壽與各宗教交流」晚宴。

心道法師展開東南亞弘法之行，分別在新加坡及馬來西亞柔佛、馬六甲、吉隆坡等地弘法交流。此行分別在柔佛、吉隆坡各啟建一場大悲觀音祈福消災法會，心道法師並前往馬六甲主持佛學會動土儀式。

心道法師此次東南亞宗教弘法之旅，首站於靈鷲山新加坡中心會見當地信眾。並前往新加坡佛教總會拜會柯孫科執行長，接著再赴阿南達彌提雅拉瑪泰佛寺及巴禮萊佛寺拜會參觀。隔天前往一個群體（One People.SG）會見協會執行長，就青年族群與宗教互動議題進行討論，最後前往宗教和諧中心（Harmony Centre）參訪。這天（10/27），靈鷲山新加坡中心也特別為心道法師舉辦「七十大壽與各宗教交流」晚宴，在晚宴現場展出心道法師從早年至今的修行歷程，並邀請阿南達彌提雅拉瑪泰佛寺代表、巴禮萊佛寺代表、新加坡一個群體執行長以及新加坡宗教和諧中心等貴賓出席晚宴。師父藉此機會向新加坡弟子宣告生命和平大學志業的啟動，希望大家一起來推動愛地球、愛和平的生命志業。

圓滿新加坡行程，心道法師旋即前往馬來西亞柔佛南方大學學院舉行「千燈供佛大悲觀音祈福消災法會」，心道法師為現場信眾親傳〈大悲咒〉，更要大家多持誦〈大悲咒〉，發願學習觀音的慈悲，為地球祈願祝福。結束柔佛行程後，心道法師的下一站則前往吉隆坡，帶領信眾一起共修「觀音薈供消災祈福大法會」，讓信眾都能發願學習觀音的慈悲，成就觀音的願力。

↑在馬來西亞柔佛南方大學學院舉辦的「千燈供佛大悲觀音祈福消災法會」上，大眾發願學習觀音的慈悲，成就觀音的願力。

心道法師在吉隆坡法會圓滿時開示：「學佛就是在生命中自在，不受環境人、事、物的影響。財、權、名、利都是過去生結好緣得來的，今生用完就沒了。所以大家要繼續結好緣，要繼續結好緣就是要福利他人、灌溉他人。」

↑心道法師親臨吉隆坡主持「觀音薈供消災祈福大法會」。

禪修中感受寂靜 點亮自我的心燈
臺東東河部落三日禪

靈鷲山臺東中心於臺東東河部落屋舉辦「臺東三日旅行禪」，邀請來自國內外第一次禪修初體驗的學員，在大自然中體驗禪修，找到自我相處的快樂。

在三日的禪修課程中，由大康法師帶領學員在「海邊禪修」，迎著晨光、聆聽大海的聲音，在禪修中學習呼吸。在「戶外行禪」時，享受海風的吹拂，感受寂靜。在每一天早晨學員前往海邊淨灘，與太平洋並肩撿起每一個垃圾的同時，潔淨自心的塵垢，也感受到人對大自然生態的影響與破壞。最後「手作教學」，讓學員利用素樸的麻繩， 創造出手創繩編的魔法，耐用堅固的環保手提袋就此誕生。每一個課程都延續著心道法師愛地球的理念。在「心如工畫師」的手繪課程，畫出自己的杯墊。最後在星光晚會中，大家在下著細雨的夜晚祈願，分享愛地球宣言， 點亮心燈，祈願地球平安，讓環境永續生存。

三天的禪修體驗，與大自然為伍，釋放生活的壓力，學習與心對話。對平日忙於生活、工作的都會人來說，透過禪修心旅行，能讓自己找到生命最不思議的精采。

←在「海邊禪修」聆聽大海的聲音學習呼吸。

拾壹月

November

臺北有愛 地球平安
靈鷲山第三屆大悲行腳

↑大眾一同為地球平安、世界和平祈福。

靈鷲山護法會臺北A區會繼宜蘭礁溪龍潭湖畔、基隆中正公園後，在臺北市大安森林公園舉辦第三屆「大悲行腳」活動，以「臺北有愛，地球平安」為訴求，宣傳靈鷲山愛地球的九大生活主張，散播愛與和平的理念，現場吸引千餘名信眾同以禪修及〈大悲咒〉為地球祈福。

活動當天氣溫舒適涼爽，大眾一踏入大安森林公園即有志工依序領進會場，齊集到大安森林公園露天音樂臺。活動由中山國小表演震鼓爍金震撼開場、臺北無心敦煌舞苑表演中國古典舞蹈，展現觀世音菩薩的藝術之美。接著由靈鷲山法師帶領平安禪，千餘人靜坐禪修，體驗平安禪的寧靜。隨後大家雙手合十，跟隨心道法師的〈大悲咒〉音虔誠的持誦，沿著步道往公園外圍繞行，途中也有部份到公園運動或休閒的市民加入，梵音繚繞，不只沉澱參與者的心靈，淨化公園磁場，更迴向地球平安、世界和諧。

活動現場貴賓有靈鷲山首座了意法師、立委曾銘宗、市議員顏若芳、鍾小平、漢光基金會董事長宋具芳、大成律師事務所主任魏憶龍、大安區人文課長陳偉光等人共同以大悲水澆灌在象徵地球五大洲的大型地球儀上，並在卡片上揮毫寫「愛」。此時，主持人葉競柔高喊「臺北有愛」時，所有參加者也以「地球平安」高聲呼應，共同祈願地球平安、和諧。

靈鷲山開山大和尚心道法師曾開示：「現在的地球非常需要觀音的慈悲救度，大家要持續推動愛地球、愛和平的工作。我們以〈大悲咒〉迴向遠離一切災難，這是學佛人應該有的願力與悲心，也是對眾生的慈悲。」

↑靈鷲山法師引領大眾繞行大安森林公園，並持誦〈大悲咒〉。

宗博館館慶暨立案揭牌儀式

邁向專業發展新里程

↑宗博館創辦人心道法師（左一）與新北市長朱立倫（右一）、文化部文化資源司司長陳登欽（左二）、宗博館陳國寧館長（右二）共同進行揭牌儀式。

世界宗教博物館舉辦開館第十六年週年慶，同時也是宗博館完成「博物館法人」設立登記授證揭牌儀式。宗博館在今年通過新北市政府依照「博物館法」及相關法規的檢核，成為全臺灣第一座通過「博物館法」登記立案的私立博物館，為宗博館邁向專業博物館與社會服務的新里程碑。

在館慶當天，由新北市龜山國小的非洲鼓表演震撼開場，接著由新北市長朱立倫頒授立案證書給世界宗教博物館創辦人心道法師，並與文化部文化資源司司長陳登欽、宗博館陳國寧館長共同進行揭牌儀式。博物館以往設置都是以財團法人或宗教法人名義為主，現在宗博館歸文化部管理，對典藏、展示和教育推廣等要求，也會更加提升。而宗博館為將硬體符合「博物館法」，例如消防設備從灑水器都需全面改為防火材質等符合規範；而在館藏文物的保存、管理也更具系統。

心道法師致詞時表示：「宗博的誕生是一項奇蹟，已經第十六年了，宗博的使命，就是一項『愛地球、愛和平』的運動。非常感謝今天宗教界、文化界的勝舉，感謝榮譽董事、護法菩薩們的長期護持，特別值得一提是，邱澤東董事長的家族，因為當年捐贈博物館場地的因緣，讓宗博在關鍵時刻，得以美夢成真、落地生根。未來也將繼續推動『尊重每一個信仰、包容每一個族群、博愛每一個生命』的生命教育，創造寬容博愛、和諧共生的世界。」

原於十六日開展的「愛與光——聖經繪畫故事」特展，也事先在館慶當天開放預展，館場內集結十五到十九世紀歐洲名家畫作傳遞基督教藝術，堪稱繪畫史上的經典。當天獲邀參與的中華民國博物館學會理事也是國立臺灣美術館館長蕭宗煌、臺南市美術館館長林保堯、遠從韓國來的韓尚洙刺繡博物館館長金瑛蘭，都表示這是非常值得一看的宗教藝術特展。

11/13~11/16

佛教徒與基督徒對話國際研討會
各宗教並肩同行 走向非暴力之路

↑梵諦岡宗座宗教交談委員會主席陶然樞機主教（Cardinal Jean-Louis Tauran, President of PCID）（左四）特別參觀宗博聖經繪畫故事特展。

靈鷲山與天主教梵蒂岡宗座宗教交談委員會、天主教會臺灣地區主教團、佛光山、佛教慈濟基金會、新北市佛教會於靈鷲山聖山寺合作舉辦第六屆佛教徒與基督徒對話國際研討會，主題是：「佛教徒和基督徒並肩同行，走非暴力之路（Buddhist-Christian Colloquium：Buddhists and Christians Walking Together on the Path of Nonviolence）」。藉由跨宗教領袖代表、學者齊聚一堂，聆聽彼此與對話。

十三日上午為研討會的開幕典禮，由新北市佛教會理事長淨耀法師帶領與會者念誦〈藥師咒〉祈福。靈鷲山開山大和尚心道法師以地主代表致歡迎詞，天主教梵蒂岡宗座宗教交談委員會秘書長、也是耶穌聖心金邦尼傳教會的基彌格主教（H. E. Msgr. Miguel Ángel Ayuso Guixot, M.C.C.J）、教廷駐華代辦高德隆蒙席、臺灣地區主教團主席洪山川總主教、普世教會協會宗教交談計畫執行長Rev. Dr. Peniel Rufus Rajkumar等人也親臨現場與會。

研討會聚焦宗教為社會所帶來的影響，並思考如何轉化暴力的根源，期許不再有紛爭。重點包括：世界暴力成因、如何終止暴力，探討如何養成非暴力生活方式，如何彌補過去、跨過傷痛，透過真實人物故事舉例，思考如何團結同行非暴力之路。並對佛教與基督教宗教對話的未來，和未來佛教徒與基督徒交談趨勢提出討論，也讓各宗教能求同存異，並且共同朝世界和平的境界努力邁進。

為期四天的研討會，共有天主教和佛教團體邀請的近百位國內外學者專家參與對談，引言人、與談人分別來自梵蒂岡、美國、德國、臺灣等十八個國家地區。研討會議程於十三日到十五日在新北市靈鷲山聖山寺舉行，十六日則是參訪世界宗教博物館並舉辦閉幕典禮，梵諦岡宗座宗教交談委員會主席陶然樞機主教（Cardinal Jean-Louis Tauran, President of PCID）也特別來臺與諸多來賓共襄盛舉。

此次研討會達成十大共識，由梵諦岡宗座宗教交談委員會副秘書長英都尼神父（Fr. Indunil J. Kodithuwakku K.）及心道法師代表宣讀。宣言肯定第六屆佛教徒與基督徒對話國際研討會，在獨善其身當道的文化中，為促進和平及非暴力文化立下重要的里程碑；著重傾聽受害者所發出的自主的、人際間的、集體的等不同形式的吶喊；杜絕貧乏、非正義、不平等、剝削和歧視；認同生態危機就是個人危機，並發揚生態靈修，以保護環境。同時，強調在所有生物社群中，每個生命形式之相互連結和相互依賴的關係。鼓勵祈禱、靜默和禪修以陶冶內在自由、心之純淨、慈悲、寬恕、療癒和自我奉獻，將之視為個人內心平靜和社會和平之必要條件等。

陶然樞機主教感謝靈鷲山此次的大力協助，特贈心道法師基督普世君王（Pantocrator）與瑪利亞天主之母（Theotokos）雙連版畫，心道法師回贈象徵慈悲且與聖母瑪利亞一樣充滿愛與光的白瓷觀音，及親手寫的「妙心與永生」墨寶給陶然樞機主教，表達這次攜手舉辦跨宗教對談的感謝。外交部歐洲司司長高安、中華民國駐教廷大使館秘書鄭郁儒、以色列駐臺辦事處代表游亞旭、海地大使館庫珀大使、德國在臺協會處長歐博哲，及各跨宗教代表，共同參與為世界和平祈禱會。眾人靜心默禱，念誦祈禱文，為和平非暴力許下承諾，堪稱宗教界年度最大盛事，也為研討會閉幕畫下完美句點。

心道法師在研討會開幕致歡迎詞時表示：「透過深度對話，建立佛教與基督宗教的行動模式，擴大成為一股全球倫理的實力。面對地球危機，要從愛地球愛和平開始，任何的暴力只會造成更大的傷害。我們在緬甸成立生命和平大學，創造一個愛地球、愛和平的整合平臺，將各宗教的使命連結學術、企業、政治等，達到愛地球的目標。」

↑心道法師為第六屆佛教徒與基督徒對話國際研討會「佛教徒和基督徒並肩同行，走非暴力之路」開幕致詞。

深耕跨宗教對談

心道法師於第六屆「佛教徒與基督徒的對話」國際研討會開幕致詞

↑心道法師為第六屆「佛教徒與基督徒對話國際研討會」致開幕詞。

・聚會靈鷲山，緣起不簡單

感恩今天的天時、地利、人和，讓第六屆「佛教徒與基督徒的對話」在教廷宗座宗教對話委員會的承許下，得以在臺灣進行第二次合作，此時此刻，有無比意義。

這次對話的主題是「佛教徒和基督徒並肩同行，走非暴力之路」。暴力的根源在心，如何避免暴力，是深刻的文明發展的本質問題，值得我們深深擔憂，也是今天聚會的目的。我們討論的目標是如何消除暴力，一起走在「心和平，世界就和平」的「生命和平」實踐之路。

這三天，我們主要是透過梵蒂岡天主教與臺灣跨宗教的力量，一起對話，一起反省暴力的基因，找到非暴力的解決途徑，才能解套各種施暴的「心理基因」；否則，隨著時代及科技的進步，施暴的形式、傷害的範圍，以及毀滅的程度，都只會變本加厲。

・對話消除差異，行動落實使命

透過深度對話，建立佛教與基督宗教的行動模式，擴大成為一股全球倫理的實力。具體來說，我們必須要有一個平臺。這個平臺，先從慈善，就是救助、慈善、幫助一切苦難，然後再從教育推廣，共同教育下一代，讓他們有充分的知識，避免無知的傷害。

看到問題，找到方法，才能解決惡性循環。譬如現在是有一些國家或利益集團，以買賣武器、炒作貨幣為生，打經濟戰、資訊戰、科技戰，製造人心不安、利用社會混亂，來牟取暴利，這都是要有明確的方法來共治、約束。

追溯源頭，愛地球必須愛和平，暴力只會造成更大的暴力，所以如何消除災劫？就是從內心和平開始，禪修也好、祈禱、讀經也行，都可以消融內心的暴力。透過教育明朗化，變成全球共識，當全球有同樣的心，我們可以有一個和諧共生的方式，才能讓人類永續、生態永續。當大家知道這種「和平教育」的巨大效益，就有理由要更積極合作。

・連結使命，建立平臺，帶動合作新模式

這麼多宗教裡面，我們佛教跟天主教，同質性多，差異性少。我們過去從宗博籌備到成立，到系列回佛對話，一路過來，跟天主教合作非常契合，有相當默契的經驗，可以提煉出一套智慧的分享，是很牢固的一個友誼。舉例來說，金神父（Rev. Fr. James L. Fredericks）昨天跟我分享的案例，譬如說為流浪漢蓋房子，或者共同去濟貧慈善，都是可以合作的。

現在共同合作的最大一項任務，就是「愛地球」的專業問題。我們現在緬甸做生命和平大學，也是天主教跟我們一起做這個平臺，這是可以連結所有宗教的使命，有了這個平臺，可以連結宗教、學術、企業、政治等，就是一個「愛地球運動」的整合平臺。

我很認同，宗座提出的「團結的對話」新模式。我們共同面對世界的困苦，從對話消融差異，從使命到行動。這個平臺，可以包涵「對話」到「行動方案」的三種討論層次：

（一）專業層次：涉及專業之間，各種學科、各種專業領域之間，建立整合跨專業的智庫平臺。

（二）修行層次：修行人之間，包括不同教派，或是不同宗教之間對話、交流與合作計畫。

（三）生活層次：一般普通人在日常生活中所面對的對話，等於推廣「地球公民」的共識教育。

這三個問題層面，是這次會議可以深入探討具體行動的參考。

・期待與展望

昨天晚上，金神父很興奮跟我說，他發現，我們一起從宗博經驗累積，到緬甸生命和平大學，跟梵蒂岡從五十年前，一直努力打開的對話，到現任宗座在講的，都是一模一樣的。面對地球危機，推廣「多元共生、相依共存」的理念，我們有迫不急待的任務，也很有默契、攜手前進！

我們兩個宗教先合作，當合作的優勢出來以後，就會慢慢影響到其他宗教。差異不多的宗教，會慢慢加入進來；差異比較大，透過對談，也可以推廣共識。我們要共同達到愛地球的目標，就是「生命共同體」。「生命共同體」有物質與靈性兩面，從物質面要維護它的種子，從靈性面要維護它的永生。

這個「生命共同體」，也就是上帝創造萬物、創造人類，所以大家都是弟兄姊妹，我們必須慈愛生命、愛護這個家庭。我個人很認同宗座所寫的「靈性生態學」。從靈性到生態完成一套永續的教育，確實是地球公民的必修課。

非常感謝來自世界各地，包括美國、歐洲、日本、韓國、印度、柬埔寨、泰國、越南、寮國、緬甸、菲律賓、外蒙古，以及香港與臺灣等朋友，只要我們覺醒問題所在，討論出可行性的方案，擴大今天的能量，就能療癒地球的健康。

感恩今天神聖奇妙的緣起。阿彌陀佛！

愛與光——聖經繪畫故事特展

在經典中尋找愛與真理之光

↑宗博館志工帶領各宗教貴賓參觀「愛與光—聖經繪畫故事特展」。

世界宗教博物館規劃推出「愛與光——聖經繪畫故事」特展，開幕記者會並與第六屆「佛教徒與基督徒對話國際研討會」閉幕典禮同時舉辦，靈鷲山開山大和尚兼世界宗教博物館創辦人心道法師特別邀請與會的跨宗教代表共同參觀「愛與光——聖經繪畫故事」開幕特展。

此次特展展出十五至十九世紀的歐洲繪畫，有臺南奇美博物館提供的十七幅畫作、十四件圖像授權，義大利烏菲茲美術館（Galleria degli Uffizi）、德國柏林畫廊（Gemäldegalerie , Berlin）、荷蘭莫瑞泰斯皇家美術館（Mauritshuis）、美國諾頓西蒙博物館（Norton Simon Museum）各授權一件圖像，加上世界宗教博物館館藏的「牧羊人朝拜聖嬰」畫作。

畫作依循《聖經》內容向世人展現的漫長信仰旅程，藉由經典故事、藝術風格及與信仰交流對話，引領觀眾沉澱於故事中的歷史傳統，彰顯愛與真理的追尋。除了靜態畫作，第二展區以「愛與光」為主題的多媒體互動展區，分為跟隨光、黑暗中的光、成為光（祝福與愛的傳遞）三個區段，隨著光線與音樂，進入「光之樹」的畫境體驗，科技互動元素的呈現，顛覆以往傳統畫展的靜態模式。

當天活動由秀朗國小弦樂團演奏「愛與光的盛宴」，藉由清幽的神聖曲目，引領世人走向非暴力的世界。隨後舉行「佛教徒與基督徒對話國際研討會」的閉幕典禮。天主教梵蒂岡宗座宗教交談委員會主席陶然（Cardinal Jean-Louis Tauran, President of PCID）樞機主教特別來臺致詞。之後「愛與光——聖經繪畫故事」特展，在「水流之音聖樂團」優美的國臺語詩歌後開展。

↑以聖經內容「牧羊人朝拜聖嬰」作為主題，將基督宗教的信仰，透過畫面深植人心。

專家導覽	
11/18	蔡敏玲教授（現任國立臺南藝術大學藝術史學系副教授）
12/03	蘇振明教授（臺北市立視覺藝術系所專任教授退休）
2018/01/07	錢玲珠主任（現任天主教輔仁聖博敏神學院禮儀研究中心主任）

專題演講	
11/12	西班牙聖雅各朝聖之旅 主講人：謝哲青（藝術史學者、作家及主持人）
12/16	人間的伊甸園——走出繪畫的繽紛 進入禮儀空間的秘境 主講人：錢玲珠（天主教輔仁聖博敏神學院禮儀研究中心主任）
12/17	你所不知道的聖誕節——「耶穌誕生」圖像傳統的故事 主講人：于禮本（國立臺南藝術大學藝術史學系專任副教授）
2018/01/06	聖經餐桌小旅行 主講人：蘇恩惠（作家，《聖經餐桌小旅行》作者）
2018/01/20	穿越聖經去旅行 主講人：陳鳳翔（陳小小）（作家，《穿越聖經去旅行》作者）
2018/01/27	米開朗基羅藝術與宗教改革 主講人：花亦芬（國立臺灣大學歷史學系專任教授）
2018/02/25	中世紀晚期聖徒崇敬風氣的盛行與聖人圖像傳統 主講人：蔡敏玲教授（現任國立臺南藝術大學藝術史學系副教授）

創意手作	
2017/11/18 ～ 12/31	聖誕花圈吊飾
2017/12/24	愛與光・交換市集
2018/01/02 ～ 2018/02/04	玻璃花窗拼貼
2018/02/04	愛與光・環保手做蠟燭
2018/02/06 ～ 2018/03/04	和平鴿摺紙書籤

南傳短期出家與供僧朝聖
學習修行生活 種下成佛善因

↑心道法師（左一）親自為短期出家戒子頒授比丘戒牒證書。

靈鷲山在緬甸仰光大善園寺國際禪修中心舉辦第五屆「南傳短期出家修道會」及第一屆「女眾南傳短期出家修道會」，邀請緬甸國家宗教委員會長老們為短期出家的戒子們做尊證，讓戒子們能夠得受清淨的出家生命。

短期出家修道會每一位戒子，在八天七夜的修道會中，以傳統的佛陀法教，體驗佛陀時代的僧團體制，感受原始的文化及修行生活。心道法師帶領戒子前往仰光大金塔繞塔，並告誡戒子們繞塔的同時，如同繞著佛的法身。在大家登比丘壇受比丘戒時，由十位尊證長老比丘為大家以巴利文重覆念誦受戒經文，為大家授證。

在捨戒儀式時，心道法師告誡各位戒子：「雖然退去了袈裟，但大家還是要受持五戒，繼續護持佛法，永續佛法的傳承。難得的短期出家，得到各位長老比丘的尊證，以及善知識的教導，各位有了這份的緣起，在未來也能緣起成佛。」

在短期出家修道會結束後，心道法師繼續帶領團隊，前往緬甸臘戍弄曼等地舉辦第十六屆「緬甸供萬僧法會」。五日，於緬甸臘戍曼蘇寺供養了一千多位比丘，下午則到緬甸弄曼大善園寺供養比丘及三百多位小沙彌。在十日，則前往佛教史上第六次經典結集地世界和平大石窟進行最後一場的供僧法會。

←靈鷲山緬甸女眾南傳短期出家，受持清淨戒律，種下成佛的善種子。

←靈鷲山舉辦第五屆「南傳短期出家修道會」及第一屆「女眾南傳短期出家修道會」。

龍樹生命和平教育課程
體會眾生苦難 進而覺醒證悟

↑龍樹 EPL 全體學員與心道法師於開山聖殿合影。

靈鷲山龍樹生命和平教育課程（Nagarjuna Education for Peace and Life, EPL）於二〇一六年開辦，為生命和平大學計畫的一環，課程安排以培育愛與和平的種子為目的，招收來自海內外各國的菁英學子，啟動多元化的學習歷程。

龍樹生命和平教育課程為三年一屆的心靈啟發課程，延續去年內容，教導學員透過修持，使內心生起「覺受力」。四月初時，首先展開第二年第一階的課程，龍樹EPL學員於無生道場進行五天的禪修閉關實修課程。八月時，由靈鷲山法師教授如何收攝與內化自心，並邀請來自印度正覺大塔的羅睺羅（Rahulratna）法師親授功法及古印度健康之道。至十一月，龍樹EPL學員隨世界宗教博物館安排前往印度、尼泊爾進行海外朝聖行程。在朝聖行程中，每位學員每日持誦一部《普賢行願品》安定自心，朝聖團一路走訪藍毗尼、舍衛國、拘尸那羅，在鹿野苑誦經繞行塔三匝表示敬意，並於菩提迦耶進行供袈裟、供燈，供養於塔內修法的法師，最後則至靈鷲山（耆闍崛山）、畏舍離等聖地參訪。一路上學員感受到印度的貧富差距，看見眾生的苦，更能體會佛法所說要以苦來度一切眾生，在苦裡面，去覺醒而證悟。

心道法師於八月培訓課程開示：「很開心看到各位堅持持續的修行，在龍樹菁英班裡，有來自各方的加持與領導，讓大家對於佛法的學習，得到更寬廣的開展。所以大家要更勤奮的持咒，讓我們內心的妄念能夠平息下來，進而達到禪定的效果，這就是一種非常好的善緣。」

↑邀請來自印度正覺大塔的羅睺羅（Rahulratna）法師親授功法。

拾貳月

December

靈鷲山華嚴法會

祈求人心和諧 地球平安

↑全體僧信虔誠持誦《大方廣佛華嚴經》。

靈鷲山於聖山寺善法大樓啟建「華嚴法會」，全體僧信虔誠持誦《大方廣佛華嚴經》，共同成就華嚴佛國智慧。華嚴法會與水陸法會同為靈鷲山整年度最具特色的兩場法會，水陸法會是跨越六道的大和解平臺，而華嚴法會是藉由修行深入經藏、開展菩提心量的成佛進程說明。

靈鷲山常住法師於十二月一日正式啟壇灑淨儀式，以大悲咒水開展出清淨無染的法會壇城。所有常住法師、閉關居士和隨喜共修大眾，在法師引領下齊誦〈大悲咒〉，為為期十七天的華嚴法會揭開序幕。

法會期間於十二月十日、十六日分別舉辦兩場「供佛齋僧法會」，拜齋齋主們以最虔敬心供養僧寶。在圓滿日（12/17）當天，啟建二〇一八年第二場水陸先修法會「大方廣佛華嚴經普賢行願品暨瑜伽燄口法會」，為眾生誦經施食。

靈鷲山總本山所在地的新北市貢寮區里民，趁此殊勝法會，朝禮聖山，亦為家人、地方平安祈福，靈鷲山也以法會加持麵線、米香以及心道法師最新春聯墨寶「順天知命福壽全」與老菩薩們結緣，希望諸佛加被為地方帶來平安與福氣。

心道法師於華嚴法會圓滿開示：「菩提心是成就華嚴的基因，菩提心要從禪修開始，做到發現這個世界是沒有我的世界，才是真的世界。讀華嚴是為了要有菩提心，菩提心讓我們看到一切就是華嚴的呈現，我們每個種子跟種子之間是互聯網的關係，因此靈鷲山從坐禪開始改變我們自己的心，來發現無我的道理，然後愛全人類。」

↓來自各方的功德主身穿海青，虔誠頂禮。

「愛地球妙點子」頒獎典禮
提升環保意識 落實愛地球行動

↑宗博館陳國寧館長(左二)親自頒發獎狀及獎金給宏國德霖科技大學應用外語科學生黃筱竹、黃上庭。

地球暖化為人類當前最大的危機，如何面對，是每一個人責無旁貸的責任。世界宗教博物館希望透過實際的行動為地球盡一份心力，今年三月特別與新北市政府攜手合作，舉辦「愛地球妙點子」企劃案競賽。藉由募集學子創意，發想具體可行的企劃案，付諸簡約樸素、環保共生、節能減碳的愛地球實際行動。

宗博館邀請設籍臺灣並就讀新北市任一所大專院校、高中職及五專的學生、研究生，依目前社會各種現象，例如「如何和平與地球共處」、「如何落實環保愛地球」、「如何投入愛地球行動」、「如何導正造成溫室效應的不良生活習慣」、「如何在食衣育樂住行等方面增加愛地球的動力」、「如何增加企業減少溫室效應排放的誘因」等主題進行研究，並提出具體可行的改善行動企劃案。

經過評選，由宏國德霖科技大學應用外語科學生黃筱竹、黃上庭、指導老師施秀青提出的「包裹時光活動」企劃案，獲得愛地球獎。「包裹時光活動」企劃案結合包袱巾環保議題與地方產業，推廣以「手動DIY包袱巾」的使用，代替塑膠袋的浪費。也藉由創意教學課程，提升民眾環保意識並落實愛地球行動。

頒獎典禮當天（12/11），宗博館陳國寧館長親自頒發獎狀及獎金給獲獎學生，期盼連結更多社會資源，為生命及環境教育盡一份心力。目前「愛地球妙點子」競賽得獎的活動企劃案「包裹時光活動」，宗博館預計規劃「手動DIY包袱巾」教學免費活動，以包袱巾取代塑膠袋，推廣無塑概念，營造地球永續、人類和平的生活環境。

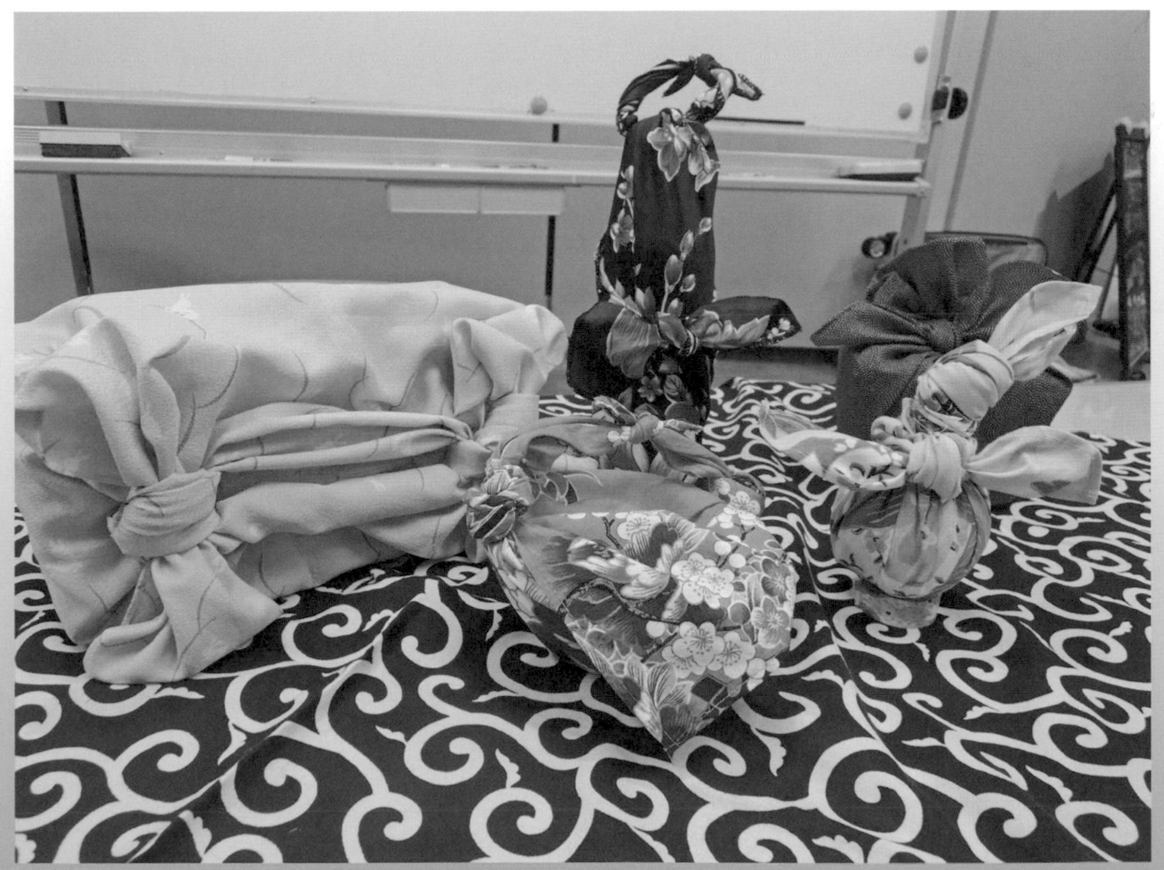

↑依據不同物品需求，DIY 製作包袱巾成品。

年度報導

僧眾春冬安居精進閉關
勤修戒定慧 回歸初發本心

↑僧眾法師在年度冬安居關期，收攝身心、悟明本心。

靈鷲山在每年春、冬二季舉辦僧眾安居閉關，百餘位僧眾於界內，放下一切外緣，全身心的投入修學。今年二月十三日起至四月二日為僧眾春安居精進禪修，分為僧眾精進禪二十一及僧眾精進禪四十九。冬安居從十二月一日開始進入冬安居閉關，以華嚴法會、僧眾禪十及研戒暨徒眾講習會三個關期貫串，以戒定慧為入關主軸，做為一年收攝與反省。

心道法師於關期引領僧眾弟子收攝身心，以禪為軸心，逐步深化禪修體悟，才能無礙地帶領大眾從自利到菩薩的利他慈悲行。冬安居禪十期間特別邀請藏傳竹巴噶舉及寧瑪傳承持有者措尼仁波切（Tsoknyi Rinpoche）為僧眾開示大圓滿法教，從禪修的明空切入，要僧眾在禪修中保任清楚的明性。冬安居研戒暨徒眾講習會期間，則禮請佛光山慈容法師與僧眾法師分享佛光山開山弘法的初心本願，讓僧眾在日常忙碌的執事弘法行程中回歸繼承如來家業的本心。

靈鷲山全體法師在十天清淨研習戒律的生活中，回顧自己剛出家時的初發心，時時保持清淨的出家慧命；透過「研戒」真正了解戒律，守護自己的身口意，做一個清淨的出家人。

心道法師在冬安居禪關期間為僧眾開示：「我們閉關時間這麼短，實在要非常珍惜這短短的時間，做對的事，就是要心住心位，專注在禪修法門裡，讓我們所覺的地方都能產生空性的體驗。當我們在空性的體驗非常熟練的時候，我們會發現這樣的空性跟我們的涅槃妙心是相當契合的。」

靈鷲山四期教育課程

親近善知識 成就佛道

↑全臺各地講堂的學員，透過四期教育的學習，精進佛法。

靈鷲山四期教育是培養佛弟子轉凡成聖的關鍵學習，從生活法則培養，到人與人之間的善緣廣結、良性互動，從自利到利他，到從有我到無我的奉獻服務，共同學習如何在生活中實踐佛法。

↑堪祖拉尊仁波切為僧眾講授《中觀莊嚴論》。

今年僧眾的課程，三乘佛學院配合推動阿含期基礎與進階等全山課程，也作為區會的四期課程進行師資、教材培訓。在四月時，特別邀請藏傳佛教寧瑪噶陀派傳承及印度德拉敦地區寧瑪大寺敏卓林佛學院院長堪祖拉尊仁波切昆秋韋瑟教授「大乘中觀法」的《龍樹親友書》、《中觀莊嚴論》等大乘法教。另外，在五月底再次禮請緬甸仰光全國上座部佛教巴利大學校長鳩摩羅尊者（Bhaddanta Kumara）及教務主任Ashin Therasabha為全體僧眾講授「南傳僧伽律儀」及《攝阿毗達磨義論》課程。

在今年信眾課程中，慧命成長學院於全臺各地講堂開設的四期教育課程，為信眾安排阿含期初階【初轉之法】與基礎課程，以及阿含期進階【無我之道】課程。為讓海內外信眾都能夠領受心道法師的四期教育法教，慧命成長學院特地前往中國、馬來西亞及新加坡等地舉辦四期教育營隊。

另外，慧命成長學院也協助靈鷲山榮譽董事舉辦榮董阿含期初階、進階營隊，鼓勵大眾發菩提心，並勸勉大眾，親近善知識，勤求佛道。

心道法師在四期教育課程中開示：「大家要發願學習四期教育，你們就像是種子，把老師授與的善知識，分享給有緣的人再散播出去，這是大家應該做的事。學佛就要學習理清自己的生命，成為一個明白人，在學習佛法過程中，覺受真善美的生命。」

二〇一七年度僧眾四期教育課程

日期	活動名稱	地點
04/17 ～ 04/18	中觀專題 —— 龍樹親友書(二)	開山聖殿
04/19、04/24 04/25、04/26 05/02、05/03 05/08、05/09	中觀專題 —— 中觀莊嚴論(一)	開山聖殿
05/22、06/26 07/23	阿含基礎課程(二)教材說明會	華藏海大講堂、 三乘佛學院妙覺教室
05/29、05/30 05/31、06/05 06/06、06/07 06/12、06/13 06/14、06/19 06/20、06/21	南傳專題	開山聖殿、 三乘佛學院妙覺教室
07/10 ～ 07/11 07/31 ～ 08/01	阿含進階全山大堂(一)～(二)	華藏海大講堂
08/21 ～ 08/22 10/03	阿含基礎課程(二)師資培訓(一)(二)	華藏海大講堂

二〇一七年度信眾四期教育課程

日期	活動名稱	地點
01/14～01/16	阿含期初階課程【初轉之法】	中國雲南大理
02/03～02/05	阿含期初階課程【初轉之法】	華藏海
04/21～04/23	阿含期初階課程【初轉之法】	中國河南鄭州
04/26～04/28	阿含期初階課程【初轉之法】	新加坡
04/29～05/01	阿含期初階課程【初轉之法】	馬來西亞柔佛
04/29～05/01	阿含期進階課程【無我之道】	馬來西亞柔佛
06/01～07/2（每週四，共八堂）	阿含期初階課程（基礎二）	全臺各講堂
06/23～06/25	榮董阿含期初階課程【初轉之法】	華藏海
08/18～08/20	榮董阿含期進階課程【無我之道】	苗栗巧克力雲莊
08/25～08/27	阿含期進階課程【無我之道】	中國福建福州
10/19～12/07（每週四，共八堂）	阿含期進階課程【無我之道】	全臺各講堂
10/27～10/29	阿含期初階課程【初轉之法】	中國杭州
11/24～11/26	阿含期初階課程【初轉之法】	中國北京

靈鷲山平安禪

透過禪修導航系統 找回內心的寧靜

↑靈鷲山法師於花蓮基督教玉山神學院帶領信眾體驗平安禪修。

靈鷲山平安禪為心道法師在塚間修行十多年的體悟，所整理出來適合現代人的禪修方法，分為調息、淨心觀照、覺知出入息與聆聽寂靜等四步驟，是靈鷲山的宗風，更是靈鷲人的日常功課。禪者藉由平安禪修，可獲得內心平靜，再將這份心靈安定的源頭，擴散到每一處，為世界創造和平。

今年四月，靈鷲山於全臺各講堂開辦八堂課的平安禪基礎、進階課程，於泰國禪修中心舉辦三梯次的三日平安禪修課程，也於無生道場舉辦四梯次的禪法工培訓。平安禪課程讓初學禪修者對平安禪法有更深、更系統的認識與體驗，培養具備正見、正知的態度學習平安禪法；而禪法工培訓，則是讓護關志工透過禪修提煉內在寧靜的和諧態度，而服務護持其他閉關學員。學員在接受講堂的平安禪課程後，即可報名參加無生道場每月舉辦的基礎禪三、進階禪七或精進禪二十一；同時，靈鷲山各區講堂也會不定期舉辦一日禪修體驗。

此外，靈鷲山於六月、十月分別在花蓮、臺東兩地舉辦三日的戶外旅行禪，禪者在山海間感受天人合一的寧靜與直指心靈的感動。

心道法師於泰國帶領禪修時，開示：「禪修就是讓我們的心歸零，用禪修將心歸零，歸零才是我們安住的地方。這是我們禪修的目的，讓心不住任何的相、不住在任何的因緣法裡。」

二〇一七年靈鷲山無生道場年度平安禪活動表

日期	梯次名稱	天數
01/13 ～ 01/15	基礎禪三	三天
02/13 ～ 03/05	精進禪二十一	二十一天
05/26 ～ 05/28	基礎禪三（搭配有機蔬果汁斷食）	三天
06/23 ～ 06/25	基礎禪三（搭配有機蔬果汁斷食）	三天
07/21 ～ 07/23	基礎禪三（搭配有機蔬果汁斷食）	三天
08/06 ～ 08/12	進階禪七（搭配有機蔬果汁斷食）	七天
09/01 ～ 09/03	基礎禪三	三天
10/21 ～ 10/27	進階禪七	七天
11/05 ～ 11/11	進階禪七	七天

二〇一七年平安禪教育推廣

課程名稱	日期	名稱	地點
平安禪修課程	01～12月	一日禪	全臺講堂
	04～05月	平安禪基礎班	基隆講堂、樹林中心、臺中講堂、新營共修處、高屏講堂
	04～05月	平安禪進階班（禪訓一）	中壢中心、花蓮共修處
	04～05月	平安禪進階班（禪訓二）	臺北講堂、中港中心、桃園講堂、臺南分院、蘭陽講堂
	04～05月	平安禪進階班（禪訓三）	新北分院
	10/14～10/15	平安禪進階班（禪訓二）	臺南分院
戶外旅行禪	06/09～06/11	花蓮旅行禪（三日）	花蓮鯉魚潭、基督教玉山神學院
	10/27～10/29	臺東旅行禪（三日）	臺東東河部落
國際禪修	02/19	禪修課程	泰國禪修中心
	04/30	禪修課程	泰國禪修中心
	09/23～09/24	泰國二日禪	泰國禪修中心
禪法工培訓	04/08～04/09	禪法工培訓	無生道場
	07/15～07/16	禪法工培訓	無生道場
	08/04～08/05	禪法工培訓—斷食榨汁組培訓課程	無生道場
	10/07～10/08	禪法工培訓	無生道場

靈鷲山綠禪食文化
友愛大地 環保護生

↑雙溪一日農幫課程。

靈鷲山為具體實踐心道法師發起的「愛地球、愛和平」運動，以及慈悲與智慧的「心生活理念」，開辦以食農、食養、食禪為主軸的教育推廣課程，落實綠禪食的觀念；希望每一位學員透過課程學習，成為綠禪食的推廣大使，實踐靈鷲山禪食文化。

靈鷲山今年於樂花錦蔬食餐廳開設平日、假日班課程，課程內容從「綠禪食理念」到「食農環保」再延續如何「食禪」。內容包括：美麗蔬果的代價、格外珍惜小火鍋、香精裡的秘密、烘焙、醬料、陽台小菜圃、四季養生茶等課程，內容豐富多元，從產地到餐桌，教大家吃出健康自然的飲食。講師師資則邀請友善大地社會企業營運長楊從貴、新北市集賢庇護工場場長陳宇恬等具有多年實務業界專業人士，帶大家熟悉食農、食養、食禪的文化。除了基礎課程的學習外，靈鷲山也特別於陽明山、外雙溪的有機農場安排實務農幫課程，讓學員在實地操作農務的感受中，體悟友善土地、環保護生的重要性。

心道法師常說：「整個環境生態，不論是人類的生態、物質的生態，都是環環相扣的。當你破壞了某個環扣，整個生態可能就會亂了，接著會逐漸毀滅我們的生存環境。我們要用行動愛護我們的生存環境，每個人都從自身做起，回歸健康低汙染的生活飲食。」

二〇一七年度綠禪食教育推廣課程（平日班、假日班）

日期	活動名稱	地點
01/04、01/06 03/16、03/18	愛地球這麼做——我們就是大地的守護天使 主講人：陳宇恬	樊花錦蔬食餐廳
01/11、01/13 03/23、03/25	美麗蔬果的代價——從產地到餐桌的故事 主講人：楊從貴	樊花錦蔬食餐廳
01/18、01/20 04/08	格外珍惜小火鍋——格外品認識運用 主講人：楊從貴	陽明山新安路有機農場
02/08、02/10 04/15	香精裡的秘密——食品添加物的認識 主講人：慈心老師	樊花錦蔬食餐廳
02/15、02/17 03/30、04/06 04/20、04/22 04/27	烘焙——歐包烘焙教學 主講人：黃昭一	樊花錦蔬食餐廳
02/22、02/24 04/29	醬料——自製天然醬料 主講人：簡世豪	樊花錦蔬食餐廳
03/01、03/03 05/06	陽台小菜園——教您如何建立陽台小菜圃主 講人：小卓老師	樊花錦蔬食餐廳
03/08、03/10 05/13	四季養生茶——細味茶療養生之道。 主講人：林淑子	樊花錦蔬食餐廳
03/24	綠禪食禪法工之旅	靈鷲山無生道場

二〇一七年度綠禪食戶外實做課程

日期	活動名稱	地點
4～7月	二〇一七春夏農幫	新北市雙溪有機示範農場
10/14、10/21 11/11、11/18 12/02	二〇一七秋季農幫	新北市雙溪有機示範農場

傳承人間觀音善業
聆聽眾生的聲音

↑心道法師親自為新科委員授證，期勉委員要化身觀音菩薩。

二〇一七年為靈鷲山護法會成立第二十七年，護法會每一位委員與信眾都是善業的領頭羊、佛法的大使，為成就靈鷲山的志業及心道法師的願力，努力耕耘每一塊福田，廣結四方善緣。

今年心道法師在國際間積極推展「愛地球、愛和平」的志業，護法會眾全力追隨並護持師父國際弘法願力；同時也在臺灣繼續傳承善業，以百福願力，弘揚、護持佛法，並在生活中實踐六項生活原則：一心、二愛、三好、四給、五德、六度。

↑護法會委員們，彼此互相勉勵，堅定學佛的道心。

靈鷲山護法會眾的教育，從委員幹部的「四季成長營」，再到委員參與的「委員成長營」，接著為儲委舉辦「儲委精進營」、「授證委員精進營」，藉由八關齋戒、〈大悲咒〉共修及禪修課程，培育出新一代委員，成為靈鷲山護法會的中間力量。護法會在各區會間安排的課程，讓護法會眾善業持續增長，維持慧命的活力。今年五月也特地安排「韓國禪文化之旅」，前往韓國代表佛法僧三寶的三大佛寺：通度寺、海印寺及松廣寺等地朝聖，透過朝聖參學中，提升會眾對佛法學習的內涵，以及堅定學佛的道心。

心道法師於委員成長營為大眾開示：「我們要把學佛看作一份永續的工作，散播佛法的種子，種在每一個人的記憶體。將佛法以淺顯易懂的方式傳承給別人，讓佛法可以在生活面被運用。更要期許自己變成觀音菩薩，堅忍的走菩薩道，去聆聽每一個眾生的心聲。」

二〇一七年護法會培訓課程系列活動表

日期	活動名稱	地點
01/14	委員歲末感恩聯誼會	下院聖山寺善法大樓
02/12	春季成長營	新竹縣北埔鄉麻布山林
04/08 ～ 04/09	授證委員精進營	新北分院、臺南分院
05/13 ～ 05/14	夏季營暨新科委員授證大會	華藏海、聖山寺
05/27 ～ 05/31	韓國禪文化之旅	韓國
06/18、12/10	儲委精進營（第一堂課）	臺南分院
07/15、12/09	儲委精進營（第一堂課）	新北分院
10/22	秋季成長營	華藏海
10/29	儲委精進營（第二堂課）	臺北講堂
11/05	儲委精進營（第二堂課）	臺南分院
11/18 ～ 11/19	冬季成長營	善法大樓

05/20、05/21	委員成長營	新北分院
06/03	委員成長營	基隆講堂
06/04	委員成長營	桃園講堂
06/10	委員成長營	臺中講堂
06/11	委員成長營	高屏講堂
06/17	委員成長營	臺北講堂
06/18	委員成長營	臺南分院
07/02	委員成長營	蘭陽講堂

榮董護持靈鷲山志業

傳承佛法願力 共創菩提善業

↑靈鷲山榮譽董事會舉辦「新科榮董授證大會」。

靈鷲山榮譽董事會成立屹今已經第二十四年，長年來不退轉的護持心道法師的願力，直到現在對靈鷲山各項志業依然持續推動與支持。榮董們平時在各自領域都有傑出表現，除了對自我專業的堅持外，對於修持佛法亦勤奮不懈怠。

今年榮譽董事會為延續心道法師對榮董的佛法教育，特別開設「快樂大學習阿含期體驗營」及「文化藝術朝聖絲路之旅」、「緬甸參學朝聖之旅」朝聖行程。在絲路朝聖之旅中，榮董成員在歷經中國西安、敦煌、莫高窟、新疆及緬甸等聖地洗禮，體悟到師父平日的教育，在這趟藉潔淨自心的朝聖之旅，更加理解師父對於觀音的悲願及禪修力量。

心道法師在水陸法會現場的榮董聯誼會上為榮董們開示：「我們宗教走到

這個程度，已經不僅僅是信仰的問題，更是攸關地球及人類安危的問題。靈鷲山要創造一個關懷的平臺，把世界上對立關係轉化成愛的力量，這是愛地球、愛和平的唯一方法。也希望榮董們透過自我的傳播及影響力，將佛法與愛繼續傳承下去。」

榮董年度課程系列活動表

日期	活動名稱	地點
01/30	榮董新春團拜與師有約	華藏海大講堂
06/23 ～ 06/25 08/18 ～ 08/20	榮董快樂大學習阿含期體驗營-北部 榮董快樂大學習阿含期體驗營-南部	華藏海大講堂 苗栗巧克力雲莊
07/08 ～ 07/17	榮董文化藝術朝聖絲路之旅	西安、敦煌、 莫高窟、新疆
09/10	榮譽董事聯誼會	桃園水陸法會
10/07	二○一七新科榮董授證大會暨 感恩上師聯誼午宴	王朝大酒店
11/13 ～ 11/20	榮董緬甸參學朝聖之旅	緬甸
12/03、12/10	榮董華嚴捻香祈福	靈鷲山下院善法大樓

慧命成長學院課程

續佛慧命 自覺覺他

↑靈鷲山慧命成長學院舉辦經典開門・智慧列車《慈悲三昧水懺》課程。

靈鷲山慧命成長學院每年規劃多元的學習課程，二〇一七年課程分別開辦「經典開門・智慧列車課程」、「四期教育課程」、「平安禪法課程」、「靈鷲山法教志工培訓課程」、「世學課程」。

「經典開門・智慧列車課程」為每月一講的佛學講座課程，授課講師除了解說經典義理外，更結合心道法師修行故事，讓大眾體會到該部經典的意義與內涵，且真正落實於生活中行持。

靈鷲山法教志工培訓課程——初階，教導學員如何將內在感受透過學習「撰寫力」、「傳播力」課程技巧，將在服務、奉獻過程中獲得的心得傳播出去分享給周遭親友與社會各界。二〇一八年將開辦中階、高階課程更深入的次第學習。

另，在世學課程「香藥茶道學」中，從香、藥、茶道中的色身香味觸裡，喚醒內在的感官，達到身心靈的清淨。

↑靈鷲山慧命成長學院舉辦法教志工培訓課程。

慧命成長學院年度課程系列活動／佛學類

主題	日期	活動名稱	講師
「經典開門．智慧列車」系列課程	02/18	《佛說阿彌陀經》	陳玉璽教授
	03/18	《佛說雨寶陀羅尼經》	郭祐孟老師
	04/08	《大佛頂首楞嚴經》	熊琬教授
	05/27	《六祖法寶壇經》	賴鼎銘教授
	06/17	《般若波羅蜜多心經》	常存法師
	07/08	《大乘妙法蓮華經》——法華七喻	了意法師
	10/14	《慈悲三昧水懺法》	常樂法師
	10/28	《一切如來心祕密全身舍利寶篋印陀羅尼經》	恆傳法師
	12/09	《金剛般若波羅蜜經》	熊琬教授
	05/08 ～ 07/17 (每週一)	「華嚴經主題課程」多元共生的世界	曹郁美教授

慧命成長學院年度課程系列活動／世學類

主題	日期	活動名稱	講師
生活課程	03/18 ～ 04/25	香藥茶道學	林淑子老師
法教志工培訓課程	06/11	撰寫力	洪凌煙（左巴）老師
	10/07 ～ 10/08	傳播力	林國賓老師

靈鷲山國際青年團
推動善念 傳達佛法

↑在靈鷲山舉辦第五屆國際哈佛營，每年都匯集各地青年，共同學習，傳揚佛法善念。

靈鷲山國際青年團具有傳承佛法的使命，心道法師期許青年學子們成為傳承佛法、利益眾生的先鋒部隊，發揮年輕人活潑有行動力的特質，成為傳播善種子的金剛，自明而照明他人。

今年六月、七月，靈鷲山國際青年團分別在馬來西亞柔佛、靈鷲山聖山寺舉辦「第五屆國際哈佛營」，帶領青年學子透過營隊課程，從生活中覺醒生命，擁有正確的人生態度。水陸法會期間，國際青年團也趁機舉辦「『與師有約』同學會－師父我該怎麼辦」活動，透過一年一次與法相約，與青年團導師心道法師面對面接觸，將靈鷲山「愛地球、愛和平」理念佈達給每一位團員幹部，期勉團員繼續讓佛法常住，以「正面、積極、樂觀、愛心、願力」的願力，傳達佛法善念，也應推動地球和平的志業。

↑國際青年團幹部精心策劃每一場活動。

今年，靈鷲山國際青年團逐漸凝聚自身能量，於各區護法會建立青年團組織，並將其能量延伸至青少年與兒童。首先分別在新北分院、臺北講堂、馬來西亞、基隆講堂舉辦四場的「Winner Energy——營的力量」活動，培養青年團幹部學習團康帶領、領袖素質等課程，培養默契與凝聚團隊力量；青年團幹部也發揮所學，將佛法善種子往下扎根，分別在臺北講堂、新北分院、高屏講堂等地舉辦兒童營，並計劃在二〇一八年擴大於全臺各區講堂舉辦。而馬來西亞柔佛地區青年團也持續舉辦「第四屆佛在童年」兒童營隊，為社會的下一代傳遞正向的力量。

另外，青年團也協助基隆、桃園區會舉辦兩場親子禪修，讓小朋友與家長在法師的帶領下體驗禪修。

心道法師於水陸法會現場為青年團員開示：「學佛便是學習找回本性，是永恆、也是無量智慧，希望青年們『傳承佛法、利益眾生』，為自己、也為他人獲得生生世世的快樂。」

↑在馬來西亞舉辦的第五屆國際哈佛營，學員在三天的營隊課程中，建立信任感與團對力量。

靈鷲山國際青年團年度系列活動

日期	活動名稱	地點
03/11	Winner Energy——營的力量	新北分院
03/26、04/30	青年快樂成長營	高屏講堂
05/13	Winner Energy——營的力量	臺北講堂
05/27～05/28	Winner Energy——營的力量	馬來西亞
06/01～06/05	第五屆國際青年哈佛營	馬來西亞柔佛（Savanna Hill Resort）
07/03～07/04	生活禪少年營	臺北講堂
07/05～07/09	第五屆國際青年哈佛營	靈鷲山聖山寺
08/13	Winner Energy——營的力量	基隆講堂
08/19	熱血桌遊活動	新北分院
08/22	快樂親子禪（基隆地區）	基隆仁愛國小
08/23	樂活親子禪（桃園西區）	無生道場
09/09	「與師有約」同學會——師父我該怎麼辦	桃園巨蛋體育館海外功德主休息室
11/25～11/26	第四屆兒童營「佛在童年」	靈鷲山柔佛中心

全球心寧靜教師團
心寧靜 世界就和平

↑心寧靜教師團於雲林縣客家文化館舉辦單日教師研習營。

全球心寧靜教師團的每一位老師及幹部成員承擔的願力日增，除在臺灣校園中推動心寧靜運動，也逐步推廣、發展至全球各地，陸續有海外教師將寧靜運動帶至當地校園中，透過「一分鐘平安禪」讓學生的心寧靜下來，做情緒的主人，呼應心道法師推動的「愛地球、愛和平」運動。

今年，全球心寧靜教師團持續結合各方資源投身到校園，在全臺，北中南東區，開辦單日教師研習，廣結新緣，推動以寧靜一分鐘做為幼兒園上課鐘聲，讓學生都能在寧靜口訣的帶領下，迅速安定情緒，提升學習精神。此外，心寧靜教學推廣也前進海外，在泰國講堂對泰北教師、馬來西亞吉隆坡中華獨立中學等進行心寧靜推廣教學，將心寧靜擴展至海外地區。

今年嘉義縣秀林國小也首次以寧靜之歌做為校慶運動會的大會操，鄰近的福樂國小也受秀林國小校長推薦，開始以寧靜一分鐘做為全校上課鐘聲。另外，心寧靜的種子開始往下扎根，臺中、雲林地區幼兒園園長全力支持推廣心寧靜，從幼兒開始播種，並加入全球心寧靜教師團的團隊，讓寧靜的力量在幼兒的心靈發芽茁壯。

寧靜教師以寧靜口訣：「深呼吸、合掌、放鬆、寧靜下來、讓心回到原點」，作為校園心寧靜運動的指引，也透過教案設計與實際經驗分享，讓學員解決在班級經營中面對的難題，提升教學成效；在寧靜手環以及寧靜之歌引導下，認識心寧靜，並帶入情緒教學的策略運用之中，運用於課堂或個人的覺醒。研習課程加深學員對推動寧靜運動的認識、了解，除熟習於課堂上與學生中操作寧靜口訣與手環，提升自我覺察，更堅定推動寧靜運動的信念。

心道法師於全球心寧靜教師團研習營開示：「大家推動心寧靜運動的同時，自己要先體悟覺受。我們的念頭總是生住異滅，所以我們不能隨著念頭去追逐。當我們的生滅心消失了，本覺的智慧就會現前了，我們的心自然就會回那個寧靜的空間，回到本來的覺性。」

心寧靜教學年度課程系列活動表

日期	活動名稱	地點
03/11 中區 06/10 北區	「心寧靜~做情緒的主人」 教師單日研習	雲林縣客家文化館 慧命教室
07/06 ～ 07/08	第十二期「心寧靜~情緒管理教學」 教師研習營(三日)	靈鷲山無生道場
08/11 ～ 08/12	全球心寧靜教師團— 進階暨團員大會（二日）	靈鷲山無生道場
10/22	全球心寧靜教師團同學會	臺中市吉尼兒幼兒園
10/14 南區 12/09 東區	「心寧靜~做情緒的主人」 教師單日研習	臺南市大成國中 宜蘭縣礁溪國小
01/01 ～ 12/31	心寧靜推廣-校園、講堂等 共三十六場	臺灣、泰國、馬來西亞

靈鷲山慈善援助實錄

聯合宗教力量 關懷世間眾生

↑靈鷲山慈善基金會於緬甸臘戌弄曼地區辦理華文學校教師增能及師資培育計畫。

靈鷲山慈善基金會本著創辦人心道法師「用關心、愛心、慈悲心來服務社會」的生命關懷理念為宗旨，以守護心靈、互助共濟的精神，開展生老病死的關懷照護、重大災難救援和急難救助、以及設立「靈鷲山普仁獎」獎勵品德優良的學子、推動生命和平大學沙彌學院生活教養計劃等生命教育工作。

今年靈鷲山慈善基金會響應心道法師建設生命和平大學沙彌學院教養計畫，持續去年（二〇一六）與長庚醫院、福智醫療義診團的合作，分別組織義診團前往緬甸臘戌偏鄉社區進行義診及衛教宣導。此外也與臺灣口腔照護協會合作，前往緬甸臘戌弄曼村、果菁村、沙彌學院、果菁華文學校等地為當地村民以及教職員、學童等進行義診。九月時，基金會籌組教育顧問團，於緬甸臘戌弄曼地區辦理華文學校教師增能及師資培育計畫，透過觀課輔導及基礎師資培訓課程，協助當地華文學校培育師資，提升教學能量。

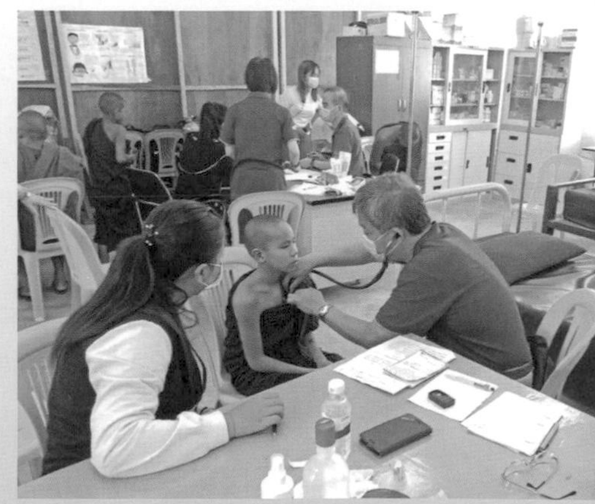

↑靈鷲山慈善基金會與福智醫療義診團合作前往緬甸臘戌偏鄉社區進行義診。

八月時，靈鷲山慈善基金會首度與新北市消防局合作舉辦「防災犀利士——兒童消防夏令營」，於無生道場舉辦兩梯次的兒童消防夏令營，四百位兒童在遊戲中認識消防救災的觀念。

國際救援上，靈鷲山一向以尊重、配合當地的需求與環境，在每一個災難的緊急階段提供及時、適切的協助，讓大眾的善款不重覆、不浪費，並妥善地運用在災後的各項重建上。這樣的作法獲得受助單位的肯定，今年一月初時，尼泊爾喜悅基金會會長Mr. Raju Shrestha感念靈鷲山在二〇一五年尼泊爾強震震災時，籌組醫療團前往援助，特別贈送兩尊千手觀音佛像以表感謝，雙方並締結「賑災服務聯盟夥伴」。

心道法師曾經開示：「宗教團體必須發揮安定人心的力量，共體時艱，資源共享，以正面、積極、樂觀的態度面對。我們有責任安定人心、傳播正法。此外，『智慧』、『慈悲』、『喜捨』、『服務』、『奉獻』也是我們最大的財富。我們應該本持著菩薩的精神，去完成眾生所交付給我們的佛行志業。」

二〇一七年靈鷲山慈善救援活動記錄

月份	事件	救援行動	執行單位
三月	基隆清明懷恩法會	贊普活動獲得的白米捐助，全數交予基隆愛心食物銀行，由社會處協助轉贈給低收入戶與弱勢團體。	靈鷲山慈善基金會 基隆講堂
四月	緬甸弄曼 沙彌學院義診	與臺灣口腔照護協會合作組織牙醫義診團於緬甸臘戌弄曼大善園寺等村落義診，並進行口腔衛教宣導及衛教宣導種子講師培訓。	靈鷲山慈善基金會 臺灣口腔照護協會義診團
八月	防災犀利士—— 兒童消防夏令營	與新北市消防局於無生道場合辦二〇一七年度「防災犀利士——兒童消防夏令營」。	靈鷲山慈善基金會 新北市消防局
九月	華文學校教師培訓 （緬甸）	籌組教育顧問團，前往緬甸臘戌弄曼地區辦理華文學校教師增能及師資培育計畫。	靈鷲山慈善基金會
十月	緬甸臘戌偏鄉社區 義診長庚醫院義診團	與長庚醫院合作組織義診團前往緬甸臘戌偏鄉社區，辦理義診及衛教宣導。	靈鷲山慈善基金會 長庚醫院醫療團
十月	緬甸臘戌地區寺院 義診福智義診團	協助福智醫療義診團前往緬甸臘戌地區寺院服務。	靈鷲山慈善基金會 福智義診團隊

年表

2017

壹月

日期	活動摘要
01	《靈鷲山2016弘法紀要》出版。
01/01、31	靈鷲山桃園講堂舉辦「朝禮靈鷲聖山」活動。
01/01、21	靈鷲山基隆講堂舉辦「朝禮靈鷲聖山」活動。
01/01	靈鷲山配合交通部東北角暨宜蘭海岸國家風景區管理處舉辦的「福隆迎曙光」活動，於聖山寺舉辦「福隆搶先雞──元旦迎曙光．聖山寺祈福活動」暨祈福音樂會。
01/01	靈鷲山蘭陽講堂舉辦「百萬悲願暨禪修」。
01/02～23	靈鷲山中壢中心於每週一、三、四、六舉辦「敦煌舞」課程。
01/02～23	靈鷲山臺南分院每週一舉辦「禪悅舞」課程。
01/02~16	靈鷲山基隆講堂於每週一舉辦「太極導引」課程。
01/02	靈鷲山臺北講堂舉辦「回山齋僧」。
01/02、09	靈鷲山桃園講堂舉辦「敦煌舞」課程。
01/03～31	靈鷲山蘭陽講堂於每週二舉辦「平安禪暨經典共修」。
01/03～24	靈鷲山基隆講堂、臺北講堂於每週二分別舉辦「平安禪修」。
01/03～24	靈鷲山樹林中心於每週二舉辦「拜願暨平安禪修」。
01/03～24	靈鷲山高屏講堂於每週二舉辦「書法抄經班」。
01/03～24	靈鷲山臺南分院每週二舉辦「《金剛般若波羅蜜經》共修」。
01/03～17	靈鷲山新北分院於每週二舉辦「花與禪」課程。
01/03～17	靈鷲山嘉義中心於每週二舉辦「瑜伽班」。
01/03~17	靈鷲山中壢中心於每週二舉辦「平安禪修」。
01/03	靈鷲山於華藏海舉行「華藏海圓通寶殿灑淨啟用儀式」，心道法師親臨主持並為僧俗信眾開示。
01/03、10	靈鷲山桃園講堂舉辦「平安禪修」。
01/04～25	靈鷲山基隆講堂於每週三舉辦「書法班」。
01/04～25	靈鷲山基隆講堂、高屏講堂於每週三分別舉辦「經典共修」。
01/04～25	靈鷲山臺北講堂於每週三早晚舉辦「經脈導引」。
01/04～25	靈鷲山中港中心於每週三舉辦「九分禪暨經典共修」。
01/04～18	靈鷲山臺中講堂於每週三舉辦「經典共修」。
01/04、06	靈鷲山於樊花錦蔬食餐廳舉辦綠禪食系列課程：愛地球樂活八堂課「愛地球，這麼做」，邀請陳宇恬老師主講。
01/04、11	靈鷲山桃園講堂舉辦「敦煌舞課程（初級班）」。

壹月		
	01/04	靈鷲山嘉義中心舉辦「禪修共修」。
	01/05 ~ 26	靈鷲山新竹共修處於每週四舉辦「禪修共修」。
	01/05 ~ 19	靈鷲山中壢中心於每週四舉辦「平安禪共修」。
	01/05	靈鷲山下院聖山寺舉辦「靈鷲山臘八粥．送鄉里迎平安」活動，發送臘八粥及春聯至貢寮區內的學校、政府機關、里辦公室、老人會等地。
	01/05	靈鷲山桃園講堂舉辦「經典共修」。
	01/05	靈鷲山嘉義中心、花蓮共修處舉辦「釋迦牟尼佛出家日共修」。
	01/06 ~ 20	靈鷲山新竹共修處於每週五舉辦「經典共修」。
	01/06 ~ 20	靈鷲山臺中講堂於每週五舉辦「平安禪修」。
	01/06 ~ 20	靈鷲山高屏講堂於每週五舉辦「禪法共修」。
	01/06 ~ 20	靈鷲山花蓮共修處於每週五舉辦「《藥師琉璃光如來本願功德經》共修」。
	01/07	靈鷲山慈善基金會於桃園武陵高中舉辦「桃園地區普仁獎頒獎典禮暨歲末聯誼會」。
	01/07	靈鷲山基隆講堂舉辦「大悲咒共修」。
	01/07	靈鷲山臺北講堂舉行志工表揚暨歲末聯誼會。
	01/07	靈鷲山新營共修處舉辦「《藥師琉璃光如來本願功德經》共修」。
	01/07	靈鷲山蘭陽講堂、香港佛學會分別啟建「慈悲三昧水懺法會」。
	01/08	靈鷲山慈善基金會於基隆水園會館舉辦「基隆地區普仁獎頒獎典禮暨歲末聯誼會」。
	01/08	靈鷲山慈善基金會於新竹縣竹北體育館舉辦「新竹地區普仁獎頒獎典禮」。
	01/08	靈鷲山慈善基金會於嘉義市嘉華中學舉辦「嘉義地區普仁獎頒獎典禮」。
	01/08	靈鷲山慈善基金會於香格里拉臺南遠東國際大飯店舉辦「臺南地區普仁獎頒獎典禮」。
	01/08	靈鷲山慈善基金會於高雄市龍華國小活動中心舉辦「高雄地區普仁獎頒獎典禮」。
	01/08	靈鷲山慈善基金會於蘭陽講堂舉辦「宜蘭地區普仁獎頒獎典禮」。
	01/08	靈鷲山慈善基金會於澎湖縣特殊教育資源中心綜合館舉行「澎湖地區普仁獎頒獎典禮」。
	01/08	靈鷲山慈善基金會於金門縣中正國小舉辦「金門地區普仁獎頒獎典禮」。
	01/08	靈鷲山國際青年團於臺北講堂舉辦「弄曼有我」志工招募說明會。
	01/08	靈鷲山臺中講堂啟建「慈悲三昧水懺法會」。
	01/08	靈鷲山樹林中心舉辦「大悲咒共修」。
	01/09	靈鷲山於臺北長春素食餐廳舉辦職工歲末聯誼會。
	01/09	靈鷲山基隆講堂舉辦「誦戒會」。
	01/10	靈鷲山慈善基金會於臺北講堂舉辦普仁獎全球推行委員會會議。

壹月

01/10	靈鷲山臺中講堂啟建「慈悲三昧水懺法會」。
01/10	靈鷲山桃園講堂舉辦「平安禪修」。
01/11、13	靈鷲山於樊花錦蔬食餐廳舉辦綠禪食系列課程：愛地球樂活八堂課「美麗蔬果的代價」，邀請楊從貴老師主講。
01/11、18	靈鷲山嘉義中心舉辦「《大乘妙法蓮華經》共修」。
01/12 ～ 03/12	世界宗教博物館與成功大學歷史學系合作，於成功大學光復校區歷史館推出「遇見伊斯蘭」特展，並舉辦各項文化教育工作坊活動。
01/12、28	靈鷲山臺北講堂舉辦「千燈供佛法會」。
01/12、28	靈鷲山樹林中心、臺中講堂、嘉義中心、臺南分院、高屏講堂、蘭陽講堂分別舉辦「初一、十五佛供」。
01/12、25	靈鷲山新營共修處舉辦「初一、十五佛供」。
01/12	靈鷲山中港中心舉辦「初一、十五燃燈供佛法會」。
01/12	靈鷲山臺南分院舉辦「大悲咒共修」。
01/13 ～ 15	靈鷲山無生道場舉辦「平安禪——基礎禪三課程」。
01/13	世界宗教博物館舉辦「你的心・決定你看見的世界」弄曼生活分享暨志工招募說明會，邀請宋慧慈老師主講。
01/14 ～ 16	靈鷲山慧命成長學院於中國大理舉辦「阿含初階主題課程——初轉之法」。
01/14	靈鷲山慈善基金會於教育廣播電臺花蓮分臺舉辦「花蓮地區普仁獎頒獎典禮」。
01/14	世界宗教博物館舉辦「心的博物館・心的市集」系列活動。
01/14	靈鷲山護法會於下院聖山寺善法大樓舉辦全國委員歲末感恩聯誼會暨二〇一六年志工表揚大會，心道法師親臨現場為眾人開示。
01/14	靈鷲山新竹共修處舉辦「大悲咒共修」。
01/14	靈鷲山新營共修處舉辦「禪藝術」課程。
01/14	靈鷲山高屏講堂舉辦「百萬大悲咒共修」。
01/15	靈鷲山慈善基金會於新北市新莊輔仁大學舉辦「新北地區普仁獎頒獎典禮」。
01/15	靈鷲山基隆講堂舉辦「一日禪」。
01/15	靈鷲山臺北講堂舉辦「大悲咒共修」。
01/15	靈鷲山花蓮共修處啟建「水懺共修暨歲末聯誼會」。
01/17 ～ 23	心道法師前往新加坡、泰北等地弘法。首先於新加坡為當地信眾開示祈福；之後前往泰北清邁府芳縣黃果園村九世皇紀念廣場舉辦的「緬懷吾皇蒲美蓬大帝・雲南鄉親萬人追思會」，受邀為大眾開示。
01/18、20	靈鷲山於樊花錦蔬食餐廳舉辦綠禪食系列課程：愛地球樂活八堂課「格外珍惜小火鍋」，邀請楊從貴老師主講。
01/19~23	靈鷲山三乘佛學院於無生道場舉辦第十七屆「山海行者——青年佛門探索營」。

壹月	01/21	靈鷲山慈善基金會於臺北市建成國中舉辦「臺北地區普仁獎頒獎典禮」。
	01/21	靈鷲山新營共修處啟建「財神咒共修暨百萬大悲咒共修」。
	01/21	靈鷲山高屏講堂舉辦歲末聯誼會。
	01/22	靈鷲山臺南分院舉辦「迎春財神——《佛說雨寶陀羅尼經》祈福法會暨志工表揚大會」。
	01/23	靈鷲山於華藏海舉行「華藏海財寶殿灑淨儀式」。
	01/25	尼泊爾喜悅基金會（Joy Foundation）為感念靈鷲山開山大和尚心道法師與慈善基金會給予尼泊爾震災的援助，特別打造兩尊千手觀音佛像贈予靈鷲山。尼泊爾喜悅基金會會長Mr. Raju Shrestha與心道法師於華藏海舉行佛像捐贈儀式，象徵締結永續善行。
	01/26	靈鷲山花蓮共修處辦「佛供——華嚴菩薩聖誕法會」。
	01/27	新春期間，靈鷲山於聖山寺善法大樓舉辦「與師有約除夕圍爐暨拜年晚會」。
	01/27	靈鷲山臺南分院舉辦「新春財神法會」。
	01/27	靈鷲山中港中心舉辦「初一、十五燃燈供佛法會」。
	01/27	靈鷲山高屏講堂舉辦「新春插頭香暨《大乘妙法蓮華經．觀世音菩薩普門品》共修」。
	01/28~02/01	新春期間，靈鷲山於初一至初五分別在上院無生道場及下院聖山寺金佛園區舉行多項新春活動，包括心道法師開示加持、新春團拜、迎財神及「藏傳財神法會」等。
	01/28~29	靈鷲山紐約道場舉辦「新春祈福法會」。
	01/28	靈鷲山嘉義中心舉辦「大悲寰宇暨新春財神法會」。
	01/28	靈鷲山嘉義中心舉辦「大悲咒共修」。
	01/28	靈鷲山馬來西亞檳城禪修中心舉辦歲末聯誼會。
	01/30 ～ 31	靈鷲山高屏講堂舉辦「朝禮靈鷲聖山」活動。
貳月	02	心道法師《觀生死即涅槃》（Living Nirvana：The Buddhist Voyage beyond Death）英文版新書全球開賣。
	02/01~27	靈鷲山中壢中心於每週一、三、四、六舉辦「敦煌舞」課程。
	02/01~22	靈鷲山中港中心每週三舉辦「九分禪暨經典共修」。
	02/01~05	靈鷲山桃園講堂啟建「梁皇寶懺．瑜伽燄口暨浴財神法會」。
	02/02~23	靈鷲山新竹共修處於每週四舉辦「禪修共修」。
	02/02	靈鷲山於上院華藏海三樓大講堂舉辦職工新春團拜。
	02/02	靈鷲山基隆講堂舉辦「新春團拜共修法會」。
	02/03~24	靈鷲山新竹共修處、台中講堂於每週五分別舉辦「經典共修」。
	02/03~17	靈鷲山花蓮共修處舉辦「《藥師琉璃光如來本願功德經》共修」。
	02/04	靈鷲山台北講堂舉辦「大悲咒共修」。
	02/04	靈鷲山香港佛學會啟建「慈悲三昧水懺法會」。

貳月

02/05~22	靈鷲山基隆講堂於每週三舉辦「《大乘妙法蓮華經》經典共修」。
02/05	靈鷲山無生道場啟建「小齋天法會」。
02/05	靈鷲山新營共修處舉行「新春聯誼暨財神法會」。
02/05	靈鷲山台南分院舉辦「齋天——《仁王護國經》祈福法會（拜天公）」。
02/06~27	靈鷲山台南分院每週一舉辦「禪悅舞」課程。
02/06	心道法師早年道友遠光法師圓寂，享壽七十八歲。遠光法師於心道法師修行路上首度閉關時供養師父，與常緣法師、心道法師互稱「松竹梅」三友。
02/07~28	靈鷲山基隆講堂於每週二舉辦「平安禪共修」。
02/07~28	靈鷲山台南分院於每週二舉辦「《金剛般若波羅蜜經》共修」。
02/07~28	靈鷲山高屏講堂於每週二舉辦「書法抄經班」。
02/07~21	靈鷲山台北講堂於每週二舉辦「平安禪共修」。
02/07~21	靈鷲山樹林中心於每週二舉辦「拜願暨平安禪修」。
02/08 ～ 22	靈鷲山基隆講堂於每週三舉辦「書法班」。
02/08 ～ 22	靈鷲山台北講堂於每週三早晚各舉辦「經脈導引課程」。
02/08 ～ 22	靈鷲山桃園講堂於每週三舉辦「敦煌舞（初級班）」。
02/08 ～ 22	靈鷲山台中講堂、高屏講堂於每週三分別舉辦「經典共修」。
02/08~10	靈鷲山於上院華藏海三樓大講堂舉行第一屆徒眾講習會。
02/08	靈鷲山嘉義中心舉辦「禪修共修」。
02/08、10	靈鷲山於樂花錦蔬食餐廳舉辦綠禪食系列課程：愛地球樂活八堂課「香精裡的秘密」，邀請慈心老師主講。
02/09 ～ 23	靈鷲山桃園講堂於每週四舉辦「經典共修」。
02/09 ～ 23	靈鷲山中壢中心於每週四舉辦「平安禪共修」。
02/10 ～ 24	靈鷲山高屏講堂於每週五舉辦「禪法共修」。
02/11	靈鷲山於上院華藏海三樓大講堂舉辦「大悲菩薩班訓練課程」，邀請持誦〈大悲咒〉十萬遍以上的大悲行者於二〇一七年大悲閉關期間成立「大悲菩薩班」精進持誦〈大悲咒〉。
02/11	世界宗教博物館舉辦奇幻精靈劇場——《今天運氣怎麼這麼好》。
02/11	靈鷲山台南分院於林默娘公園舉辦「元宵慶團圓活動」。
02/11	靈鷲山新營共修處舉辦「禪藝術」課程。
02/11	靈鷲山高屏講堂舉辦「百萬大悲咒共修」。
02/11、25	靈鷲山新營共修處舉辦「百萬大悲咒共修」。
02/11、26	靈鷲山台北講堂舉辦「千燈供佛法會」。

貳月

02/11、26	靈鷲山蘭陽講堂舉辦「初一、十五《金剛般若波羅蜜經》共修暨佛供」。
02/11、26	靈鷲山中港中心、樹林中心、台中講堂、嘉義中心、台南分院、新營共修處及高屏講堂分別舉辦「初一、十五燃燈供佛法會」。
02/12	靈鷲山護法會於新竹縣北埔鄉麻布山林舉行「全國幹部春季成長營」。
02/12	靈鷲山基隆講堂舉辦「大悲咒共修」。
02/12	靈鷲山台北講堂「回山齋僧」。
02/12	靈鷲山花蓮共修處啟建「慈悲三昧水懺共修」。
02/13~04/02	靈鷲山無生道場舉辦僧俗二眾「春安居」，分別為「僧眾精進禪四十九」、「僧眾精進禪二十一」及「信眾精進禪二十一」。
02/13	靈鷲山慈善基金會於金門仁愛國小舉辦「金門地區普仁獎頒獎典禮」。
02/13~03/05	靈鷲山無生道場舉辦「信眾精進禪二十一」。
02/13～27	靈鷲山桃園講堂於每週一舉辦「敦煌舞」課程。
02/13	靈鷲山基隆講堂舉辦「誦戒會」課程。
02/13、20	靈鷲山新北分院舉辦「平安禪修」。
02/13、20	靈鷲山新北分院舉辦「經典共修」。
02/14	心道法師獲邀參與由蘇菲理事會（Sufi Council）理事會主席、國際貨幣基金組織前總裁維特芬（Johan Witteveen）教授及荷蘭環保律師Brigitte Van Baren共同發起於印度新德里舉辦的「愛與慈悲及人類團結世界朝聖活動」（Worldwide Pilgrimage for Love Compassion and Human Unity），心道法師因事不克前往，特別錄製祝福短片於現場播放。
02/14～28	靈鷲山桃園講堂於每週二舉辦「平安禪共修」。
02/14～28	靈鷲山中壢中心於每週二舉辦「經典共修」。
02/14～28	靈鷲山蘭陽講堂於每週二舉辦「平安禪暨經典共修」。
02/14、21	靈鷲山嘉義中心舉辦「瑜伽班」。
02/15	「中華人間佛教聯合總會」百人訪問團在淨耀法師、慧傳法師等帶領下參訪緬甸，心道法師特赴緬甸歡迎訪問團首站參訪靈鷲山緬甸仰光大善園寺國際禪修中心，並帶領眾人至仰光大金塔寺點萬燈繞塔祈福誦經。
02/15	靈鷲山慈善基金會代表靈鷲山捐贈新北市消防局災情勘查車一輛、軍刀鋸及安全氣囊保護套組等設備，於福隆青少年活動中心舉辦災情勘查車暨民生物資聯合捐贈典禮。
02/15、17	靈鷲山於樂花錦蔬食餐廳舉辦綠禪食系列課程：愛地球樂活八堂課「烘焙」，邀請黃昭一老師主講。
02/15、22	靈鷲山嘉義中心舉辦「《大乘妙法蓮華經》共修」。
02/17	靈鷲山佛教教團總執行長葛達鎢（Gabor Zsolt Karsai），前往新北市政府拜會新北市長朱立倫。
02/18	靈鷲山慈善基金會於南竿仁愛國小舉辦「馬祖地區普仁獎頒獎典禮」。
02/18	靈鷲山慧命成長學院開設「二〇一七經典開門‧智慧列車課程」，邀請陳玉璽教授主講《佛說阿彌陀經》。

貳月	02/18	靈鷲山基隆講堂舉辦「朝禮靈鷲聖山」活動。
	02/18	靈鷲山新竹共修處舉辦「大悲咒共修」。
	02/18	靈鷲山新營共修處舉辦「財神咒共修暨百萬大悲咒共修」。
	02/19	靈鷲山慈善基金會於特殊教育資源中心舉辦「台東地區普仁獎頒獎典禮」。
	02/19	靈鷲山基隆講堂舉辦「一日禪」。
	02/19	靈鷲山新北分院啟建「慈悲三昧水懺法會」。
	02/19	靈鷲山樹林中心舉辦「大悲咒共修」。
	02/19	靈鷲山台南分院舉辦「《地藏菩薩本願經》共修」。
	02/22 ～ 26	靈鷲山高屏講堂啟建「梁皇暨五大士瑜伽燄口法會」。
	02/22、24	靈鷲山於樂花錦蔬食餐廳舉辦綠禪食系列課程：愛地球樂活八堂課「醬料」，邀請簡世豪老師主講。
	02/24	靈鷲山花蓮共修處舉辦「大悲咒共修」。
	02/25	世界宗教博物館舉辦「奇幻精靈劇場——《巫婆奶奶》」。
	02/25	靈鷲山台北講堂舉辦「一日禪」。
	02/25	靈鷲山新北分院、中港中心、桃園講堂及中壢中心分別舉辦「大悲咒共修」。
	02/25	靈鷲山蘭陽講堂舉辦「新春禮拜千佛法會」。
	02/26	靈鷲山新營共修處舉辦「供燈孝親祈福地藏法會暨弱勢家庭白米捐贈儀式」。
	02/26	靈鷲山台南分院舉辦「百萬大悲咒共修」。
	02/27	靈鷲山台北講堂舉辦「回山齋僧」。
	02/28	靈鷲山新北分院舉辦「花與禪」課程。
參月	2017/03~2018/01	世界宗教博物館於慧命教室舉辦《自然醫學知識》健康生活公益講座年度課程，邀請涂承恩老師主講。
	03/01、03	靈鷲山於樂花錦蔬食餐廳舉辦綠禪食系列課程：愛地球樂活八堂課「陽台小菜園」，邀請卓梅慧老師主講。
	03/04	靈鷲山於下院聖山寺舉辦二〇一七年水陸法會第三場水陸先修法會「大悲觀音更密無上圓滿施食大法會」暨聖山寺春季祭典。
	03/05	靈鷲山台中講堂、台南分院分別啟建「慈悲三昧水懺法會」。
	03/08 ～ 03/26	靈鷲山無生道場舉辦「春安居——僧眾精進禪二十一閉關」
	03/08、10	靈鷲山於樂花錦蔬食餐廳舉辦綠禪食系列課程：愛地球樂活八堂課「四季養生茶」，邀請林淑子老師主講。
	03/11	靈鷲山慧命成長學院於雲林詔安客家文化館舉辦二〇一七年第一場「心寧靜～做情緒的主人——教師單日研習講座」。
	03/11	世界宗教博物館舉辦洛桑龍達上師．熱貢唐卡藝術展——「唐卡藝術的奧秘與門道」講座，邀請張駿逸教授主講。

參月	03/14 ～ 28	靈鷲山慧命成長學院於每週二在慧命教室舉辦「香藥茶道學」世學課程，邀請林淑子老師主講。
	03/17	靈鷲山總執行長葛達鎷（Gabor Zsolt Karsai）代表心道法師出席由印度文化部在比哈爾邦的王舍城（Rajgir）國際會議中心及那爛陀佛教大學（Nava Nalanda Mahavihara）等地主辦「二十一世紀的佛教——面對全球的危機及挑戰的看法及回應」國際佛教論壇，並代心道法師宣讀以「二〇一七佛教當前問題的反省與建議」為題的開場演說。
	03/18	靈鷲山慧命成長學院開設「二〇一七經典開門・智慧列車課程」，邀請郭祐孟教授主講《佛說雨寶陀羅尼經》。
	03/18	靈鷲山台北講堂啟建「慈悲三昧水懺法會」。
	03/19	靈鷲山慈善基金會於福隆福容大飯店舉辦第七屆「全國普仁獎頒獎典禮」，心道法師親臨出席頒獎。
	03/19	靈鷲山基隆講堂啟建「清明懷恩法會」。
	03/22 ～ 23	靈鷲山舉辦國內講堂秘書培訓課程。
	03/25 ～ 26	心道法師受邀前往中國西安終南山律宗祖庭淨業寺本如法師陞座大典，並應邀為「律宗思想文化論壇」開幕祝賀。
	03/26	靈鷲山紐約道場啟建「慈悲三昧水懺法會」。
	03/29	中緬佛教協會、南達寺、迦葉禪寺、三寶寺聯合邀請緬甸三藏比丘香鬘莊嚴尊者、殊妙莊嚴尊者及八位比丘等來台進行交流訪問之旅期間，參訪靈鷲山，心道法師親自接待導覽靈鷲山。
肆月	04/01~05	靈鷲山於無生道場舉辦016「龍樹生命和平教育課程（Nagarjuna Education for Peace and Life）」一年級之第三階。
	04/01	靈鷲山臺北講堂舉辦「大悲咒共修」。
	04/01	靈鷲山桃園講堂舉辦「委員暨儲委聯誼會」。
	04/01	靈鷲山新營共修處舉辦「《藥師琉璃光如來本願功德經》經典共修」。
	04/01	靈鷲山香港佛學會啟建「慈悲三昧水懺法會」。
	04/02	靈鷲山中壢中心啟建「慈悲三昧水懺法會」。
	04/02	靈鷲山紐約道場啟建「地藏法會」。
	04/02	靈鷲山蘭陽講堂舉辦「百萬悲願暨禪修」。
	04/03 ～ 04/24	靈鷲山桃園講堂於每週一舉辦「敦煌舞」課程。
	04/03 ～ 04/24	靈鷲山臺南分院於每週一舉辦「禪悅舞」課程。
	04/04 ～ 04/25	靈鷲山臺南分院於每週二舉辦「《金剛般若波羅蜜經》共修」。
	04/04 ～ 04/25	靈鷲山高屏講堂於每週二舉辦「書法抄經班」。
	04/04 ～ 04/25	靈鷲山蘭陽講堂於每週二舉辦「平安禪暨經典共修」。
	04/05 ～ 04/29	靈鷲山中壢中心於每週一、三、四、六舉辦「敦煌舞」課程。
	04/05 ～ 04/26	靈鷲山基隆講堂、新營共修處於每週三分別舉辦「經典共修」。
	04/05 ～ 04/26	靈鷲山基隆講堂於每週三下午舉辦「書法班」。

肆月		
	04/05 ～ 04/26	靈鷲山臺北講堂於每週三舉辦「經脈導引」課程。
	04/05 ～ 04/26	靈鷲山中港中心於每週三舉辦「九分禪暨經典共修」。
	04/05 ～ 04/26	靈鷲山桃園講堂於每週三舉辦「敦煌舞（初級班）」課程。
	04/05 ～ 04/19	靈鷲山花蓮共修處於每週三舉辦「《藥師琉璃光如來本願功德經》共修」。
	04/06 ～ 05/25	靈鷲山臺北講堂、中港中心、桃園講堂於每週四分別舉辦「平安禪（禪訓二）」課程。
	04/06 ～ 05/25	靈鷲山新北分院於每週四舉辦「平安禪（禪訓三）」課程。
	04/06 ～ 05/25	靈鷲山中壢中心於每週四舉辦「平安禪（禪訓一）」課程。
	04/06 ～ 04/27	靈鷲山樹林中心、臺中講堂、高屏講堂於每週四分別舉辦「平安禪（基礎班）」課程。
	04/06 ～ 04/27	靈鷲山新竹共修處於每週四舉辦「禪修共修」。
	04/06	靈鷲山桃園講堂舉辦「一日禪」。
	04/07 ～ 05/26	靈鷲山臺南分院於每週五舉辦「平安禪（禪訓二）」課程。
	04/07 ～ 05/26	靈鷲山花蓮共修處於每週五舉辦「平安禪（禪訓一）」課程。
	04/07 ～ 04/28	靈鷲山新竹共修處於每週五舉辦「經典共修」。
	04/07 ～ 04/28	靈鷲山高屏講堂於每週五舉辦「禪法共修」。
	04/07~04/09	靈鷲山蘭陽講堂舉辦「萬佛燈會」。
	04/07	靈鷲山嘉義中心舉辦「禪修共修」。
	04/08 ～ 05/27	靈鷲山新營共修處於每週六舉辦「平安禪（基礎班）」課程。
	04/08~04/09	靈鷲山於華藏海舉辦「禪法工培訓課程」。
	04/08 ～ 04/09	靈鷲山嘉義中心舉辦「平安禪（密集班）」課程。
	04/08、04/29	靈鷲山新營共修處舉辦「百萬大悲咒共修」。
	04/08	靈鷲山慧命成長學院開設「二〇一七經典開門．智慧列車」課程，邀請熊琬教授講授《大佛頂首楞嚴經》。
	04/08 ～ 04/09	靈鷲山護法總會分別於新北分院、臺南分院舉辦「授證委員精進營」。
	04/08	靈鷲山新竹共修處舉辦「大悲咒共修」。
	04/08	靈鷲山高屏講堂舉辦「百萬大悲咒共修」。
	04/09	世界宗教博物館舉辦「二〇一七世界宗教新春祈福大會」。
	04/09~07/09	世界宗教博物館與洛桑龍達上師合作舉辦「悲智境相：洛桑龍達上師．青海熱貢唐卡」藝術特展，展示列入中國非物質文化遺產的熱貢唐卡藝術。
	04/09	世界宗教博物館舉辦洛桑龍達上師．青海熱貢唐卡藝術展——「熱貢唐卡藝術」講座，邀請唐卡藝術家青海熱貢洛桑龍達上師主講。
	04/09	靈鷲山基隆講堂舉辦「大悲咒共修」。

肆月

04/09	靈鷲山新北分院舉辦「一日禪」。
04/09	靈鷲山中港中心、桃園講堂、臺中講堂分別啟建「慈悲三昧水懺法會」。
04/10～04/24	靈鷲山新北分院於每週一舉辦「平安禪（九分禪）、經典共修」課程。
04/10	靈鷲山基隆講堂開設「誦戒會」課程。
04/11	靈鷲山推出「大悲咒銀行功德庫」，以網路回報方式，達成存經募咒、發心互助等功能。
04/11～04/25	靈鷲山臺北講堂於每週二舉辦「平安禪共修」與「養生氣功班」。
04/11～04/25	靈鷲山新北分院於每週二舉辦「花與禪」與「茶禪」課程。
04/11～04/25	靈鷲山桃園講堂、中壢中心於每週二舉辦「經典共修」。
04/11～04/25	靈鷲山嘉義中心於每週二舉辦「瑜伽班」。
04/11、04/26	靈鷲山臺北講堂舉辦「千燈供佛法會」。
04/11、04/26	靈鷲山中港中心、臺中講堂、嘉義中心、臺南分院、高屏講堂舉辦「初一、十五燃燈供佛法會」。
04/11、04/26	靈鷲山樹林中心舉辦「初一、十五燃燈供佛暨誦戒會」。
04/11、04/26	靈鷲山新營共修處舉辦「初一、十五燃燈供佛暨《大乘妙法蓮華經・觀音菩薩普門品》共修」。
04/11、04/26	靈鷲山蘭陽講堂舉辦「初一、十五《金剛般若波羅蜜經》共修」。
04/11、04/26	靈鷲山臺南分院晚間舉辦「百萬大悲咒共修」。
04/11、04/18	靈鷲山慧命成長學院舉辦「香藥茶道學」世學課程，邀請林淑子老師主講。
04/13～5/25	靈鷲山蘭陽講堂於每週四舉辦「平安禪（禪訓二）」。
04/13～5/23	靈鷲山基隆講堂於每週四舉辦「平安禪（基礎班）」。
04/13～04/14	靈鷲山邀請北京大學樓宇烈教授於華藏海大講堂講授「從儒釋道談中國文化的根本精神與時代落實」、「般若波羅蜜多心經」課程，心道法師親臨現場致詞感謝。
04/14～04/28	靈鷲山嘉義中心於每週五舉辦「《大乘妙法蓮華經》共修」。
04/15～05/07	靈鷲山於無生道場啟建「大悲閉關21」，首度開辦「大悲菩薩班」，每日必須圓滿持誦一千零八十遍以上〈大悲咒〉。
04/15～04/16	靈鷲山高屏講堂舉辦「新會員回山朝禮靈鷲聖山暨尋根之旅」活動。
04/15	靈鷲山基隆講堂舉辦「朝禮靈鷲聖山」活動。
04/15	靈鷲山新營共修處舉辦「財神咒暨百萬大悲咒共修」。
04/16	靈鷲山基隆講堂舉辦「一日禪」。
04/16	靈鷲山樹林中心發起信眾回山共修「大悲閉關」。
04/16	靈鷲山花蓮共修處啟建「慈悲三昧水懺法會」。
04/19、25、27	靈鷲山於華藏海大講堂舉辦三梯次「職工大悲閉關」。

肆月	04/21 ～ 04/23	靈鷲山慧命成長學院於中國鄭州舉辦「阿含期初階課程——初轉之法」。
	04/22 ～ 04/23	靈鷲山嘉義中心、新營共修處回山共修「大悲閉關暨朝禮靈鷲聖山活動」。
	04/22	靈鷲山臺北講堂舉辦「企業一日禪」。
	04/22	靈鷲山新北分院、中港中心、桃園講堂、中壢中心分別舉辦「大悲咒共修」。
	04/23	靈鷲山受邀協助新北市政府於新北政府市民廣場舉辦「第七屆泰國藤球友誼賽暨潑水節」，現場禮請靈鷲山富貴金佛供民眾浴佛禮拜祈福。
	04/23	世界宗教博物館舉辦洛桑龍達上師・熱貢唐卡藝術展——「藏傳佛教的生死觀」講座，邀請中華維鬘學會名譽理事長鄭振煌主講。
	04/23	靈鷲山臺北講堂舉辦「水陸精進課程」。
	04/25	靈鷲山臺北講堂舉辦「浴佛節活動」。
	04/26 ～ 29	心道法師獲格蘭德愛馬仕和平基金會（The Guerrand-Hermes Foundation for Peace）邀請參與於冰島雷克雅維克舉辦的第三屆「人類精神論壇（The Third Spirit of Humanity Forum）」。因適逢大悲閉關期間，心道法師委由世界宗教博物館發展基金會國際事務美國辦公室主任瑪麗˙哈比托博士（Dr. Maria Reis Habito）代表出席，分享心道法師在緬甸興建「生命和平大學」的願景，以及實踐「愛地球、愛和平」全球運動的具體做法。
	04/26	靈鷲山花蓮共修處舉辦「大悲咒共修」。
	04/28~04/30	靈鷲山臺南分院舉辦「大自然綠禪食養生生活營」。
	04/28	五十位來自貢寮區澳底鄉親參訪靈鷲山無生道場及聖山寺。
	04/29	世界宗教博物館舉辦洛桑龍達上師・熱貢唐卡藝術展——「止觀與灌頂」講座，邀請藏傳佛教格魯派下密院顯密佛學院前院長慈仁格西主講。
	04/29 ～ 05/01	靈鷲山慧命成長學院於馬來西亞柔佛舉辦「阿含期初階課程——初轉之法」。
	04/29 ～ 05/01	靈鷲山馬來西亞吉隆坡中心舉辦「快樂生活禪學佛營」。
	04/29 ～ 05/21	靈鷲山於下院聖山寺舉辦「佛腳抱抱暨浴佛孝親報恩」活動。
	04/30 ～ 05/08	靈鷲山慈善基金會與臺灣口腔照護協會組織義診醫療團，前往緬甸弄曼大善園寺等地區辦理口腔保健教育。
	04/30	靈鷲山樹林中心舉辦「浴佛節暨三時繫念法會」。
	04/30	靈鷲山臺南分院舉辦「浴佛節活動」及「《地藏菩薩本願經》共修」。
	04/30	靈鷲山臺中講堂舉辦「大悲咒共修」。
伍月	05/01~05/31	靈鷲山中壢中心於每週一、三、四、六舉辦「敦煌舞」課程。
	05/01~05/29	靈鷲山新北分院於每週一舉辦「平安禪」及「經典共修」。
	05/01~05/29	靈鷲山桃園講堂於每週一舉辦「敦煌舞」課程。
	05/01~05/29	靈鷲山臺南分院於每週一舉辦「禪悅舞」課程。
	05/02~05/30	靈鷲山臺南分院於每週二舉辦「《金剛般若波羅蜜經》共修」。

伍月		
	05/02~05/30	靈鷲山高屏講堂於每週二舉辦「書法抄經班」。
	05/02~05/30	靈鷲山樹林中心於每週二舉辦「拜願暨禪修」。
	05/02~05/23	靈鷲山臺北講堂於每週二舉辦「養生氣功班」。
	05/02~05/23	靈鷲山新北分院於每週二舉辦「花與禪」。
	05/02~05/23	靈鷲山桃園講堂、中壢中心於每週二分別舉辦「經典共修」。
	05/02~05/23	靈鷲山嘉義中心於每週二舉辦「瑜伽班」。
	05/02~05/04	靈鷲山高屏講堂舉辦「浴佛節」活動。
	05/03~05/31	靈鷲山基隆講堂於每週三舉辦「書法班」及「《大乘妙法蓮華經》經典共修」。
	05/03~05/31	靈鷲山臺北講堂於每週三舉辦「平安禪共修」及「經脈導引」課程。
	05/03~05/31	靈鷲山中港中心於每週三舉辦「九分禪暨經典共修」。
	05/03~05/31	靈鷲山桃園講堂於每週三舉辦「敦煌舞（初級班）」。
	05/03~05/31	靈鷲山高屏講堂於每週三舉辦「經典共修」。
	05/03~05/24	靈鷲山花蓮共修處於每週三舉辦「《藥師琉璃光如來本願功德經》共修」。
	05/03	靈鷲山新北分院啟建「浴佛節午供」。
	05/04~05/24	靈鷲山新竹共修處於每週四舉辦「禪修共修」。
	05/04	靈鷲山常住法師為第十屆「福隆國際沙雕藝術季」灑淨祈福。
	05/05~05/26	靈鷲山新竹共修處於每週五舉辦「經典共修」。
	05/05	新北市貢寮區仁里里吳勝福里長帶領近百位鄉親參訪靈鷲山無生道場與聖山寺。
	05/05	靈鷲山嘉義中心舉辦「禪修共修」。
	05/06	靈鷲山於樂花錦蔬食餐廳舉辦綠禪食系列課程：愛地球樂活八堂課「陽臺小菜園」，邀請卓梅慧老師主講。
	05/06	靈鷲山基隆講堂、香港佛學會分別啟建「慈悲三昧水懺法會」。
	05/06	靈鷲山臺北講堂舉辦「水陸願委精進課程」。
	05/06	靈鷲山蘭陽講堂舉辦「百萬悲願暨禪修」。
	05/06、05/20	靈鷲山新營共修處舉辦「《大方廣佛華嚴經》經典導讀」。
	05/07~05/11	靈鷲山高屏講堂舉辦「浴佛節」活動。
	05/07	靈鷲山新竹共修處啟建「慈悲三昧水懺法會」。
	05/07	「大悲閉關21」圓滿，靈鷲山舉辦巡禮聖山活動，並恭請心道法師為閉關居士灌頂傳授大悲觀音法門。
	05/07	靈鷲山舉辦華藏海圓通寶殿毗盧觀音安座及功德榜揭榜儀式，恭請心道法師親臨主持。
	05/07	世界宗教博物館舉辦洛桑龍達上師・青海熱貢唐卡藝術展──「探訪人間的香巴拉──藏區文化之旅」講座，邀請札西德樂國際旅行社西藏行旅達人閆建鴻先生主講。

伍月

05/08~07/31	靈鷲山慧命成長學院於每週一舉辦「《大方廣佛華嚴經》主題課程・多元共生的世界」，邀請曹郁美老師授課。
05/08	靈鷲山臺南分院舉辦「浴佛節」活動。
05/09~05/30	靈鷲山蘭陽講堂於每週二舉辦「平安禪暨經典共修」。
05/10、05/26	靈鷲山臺北講堂、中港中心、樹林中心、臺中講堂、嘉義中心、臺南分院、新營共修處以及高屏講堂分別舉辦「初一、十五燃燈供佛法會」。
05/10、05/26	靈鷲山臺南分院舉辦「百萬大悲咒共修」。
05/10、05/26	靈鷲山蘭陽講堂舉辦「初一、十五《金剛般若波羅蜜經》共修暨佛供」。
05/10	靈鷲山檳城禪修中心舉辦「浴佛節」活動。
05/12	世界宗教博物館於文化生活館舉辦「五月輕手做體驗課程・書桌上的甜蜜——手作蛋糕Memo夾」。
05/13～05/14	靈鷲山護法總會於聖山寺善法大樓、華藏海大講堂舉辦「幹部夏季成長營暨新科委員授證大會」。
05/13	靈鷲山於樊花錦蔬食餐廳舉辦綠禪食系列課程：愛地球樂活八堂課「四季養生茶」，邀請林淑子老師主講。
05/13	靈鷲山高屏講堂舉辦「百萬大悲咒共修」。
05/14	靈鷲山基隆講堂舉辦「百萬大悲咒共修」。
05/15~06/03	心道法師歐洲弘法行，首先分別於德國法蘭克福新磨坊禪修中心（Neumuhle Meditation Center）、慕尼黑本篤禪修中心（Benediktushop Meditation Center）以及慕尼黑多明西聯（Domicilium）禪修中心舉辦禪修課程，並於德國雷根斯堡（Regensburg）與歐美多國智庫學者共同探討生命和平大學課程結構等，之後前往梵諦岡拜會教宗方濟各，展開跨宗教的和平交流。
05/15	靈鷲山基隆講堂舉辦「誦戒會」。
05/16~05/17	靈鷲山於華藏海三樓大講堂舉辦第一梯次「同仁宗風共識營」。
05/16	靈鷲山慈善基金會於臺北講堂舉辦「普仁獎共識會議」。
05/19	靈鷲山下院聖山寺推動「護持菩薩專車購置計劃」，籌募交通接駁車。
05/19	世界宗教博物館於文化生活館舉辦「五月輕手做體驗課程・輕鬆烘焙——啾咪咪愛的布朗尼」。
05/20~05/21	靈鷲山新北分院舉辦「委員成長營」。
05/20~05/21	靈鷲山基隆講堂、臺南分院、高屏講堂共同舉辦「朝禮靈鷲聖山活動」。
05/20	靈鷲山寂光寺啟建「地藏法會暨瑜伽燄口法會」。
05/20	靈鷲山臺北講堂「回山齋僧」。
05/20	靈鷲山新竹共修處舉辦「大悲咒共修」。
05/21	靈鷲山常住法師受邀出席由新北市政府舉辦的「自己的公園自己種——貢寮龍門運動公園臺灣百合復育活動」。
05/21	靈鷲山臺中講堂啟建「慈悲三昧水懺法會」。
05/21	靈鷲山嘉義中心啟建「慈悲三昧水懺暨浴佛法會」。

伍月	05/21	靈鷲山臺北講堂舉辦「美好人生」講座。
	05/21	靈鷲山基隆講堂、樹林中心分別舉辦「一日禪」。
	05/21	靈鷲山桃園講堂舉辦「一日禪（戶外禪）」。
	05/21	靈鷲山花蓮共修處舉辦「慈悲三昧水懺法會」。
	05/24	靈鷲山常住法師受邀出席於農委會與宜蘭礁溪龍潭社區舉辦「營造農村生態園區成果發表會」，農委會林聰賢主委特別感謝靈鷲山寂光寺提供土地，才能讓當地展現鯝魚逆流而上的生態成果。
	05/25	靈鷲山全國普仁獎得主方佳柔、郭玟伶、張筱玲同學，獲頒總統教育獎。
	05/26~05/28	靈鷲山於無生道場舉辦「平安禪（基礎禪三）」。
	05/26	世界宗教博物館於文化生活館舉辦「五月輕手做體驗課程．身心靈的洗淨——手作平安皂」。
	05/26	靈鷲山嘉義中心舉辦「《大乘妙法蓮華經》經典共修」。
	05/27	靈鷲山慧命成長學院舉辦「二〇一七經典開門．智慧列車課程」，邀請賴鼎銘教授主講《六祖壇經》。
	05/27	世界宗教博物館舉辦洛桑龍達上師．熱貢唐卡藝術展——「如何即生成佛」講座，邀請藏傳佛教格魯派下密院顯密佛學院前院長慈仁格西主講。
	05/27	靈鷲山新北分院、中港中心、中壢中心分別舉辦「大悲咒共修」。
	05/27	靈鷲山高屏講堂舉辦「一日禪」。
	05/28	靈鷲山臺北講堂舉辦「《大乘妙法蓮華經》經典共修」。
	05/28	靈鷲山中港中心舉辦「新北市B區聯誼會」。
	05/28	靈鷲山臺南分院舉辦「《地藏菩薩本願經》共修」。
	05/28	靈鷲山泰國講堂啟建「藥師法會」。
	05/29 ～ 05/30	心道法師於德國雷根斯堡（Regensburg）與「生命和平大學」智庫召開第一場國際顧問會議，邀請包括生物科學、經濟學，醫學及倫理學、哲學、社會學、國際法等不同專業領域學者專家與會。
	05/29 ～ 06/21	靈鷲山三乘佛學院開設南傳專題課程：「僧伽律儀」、「阿毗達摩」，禮請緬甸仰光全國上座部佛教巴利大學校長鳩摩羅尊者（Bhaddanta Kumara）、教務主任Ashin Therasabha 為僧眾授課。
	05/29	緬甸馬哈希禪修中心副校長達瑪南雅尊者來山參訪。
	05/31	心道法師與天主教教宗方濟各（Pope Francis）於梵諦岡首度會晤，邀請教宗一同參與在緬甸臘戌的「生命和平大學」計劃。隨後，拜會天主教梵諦岡宗座宗教交談委員會首席樞機主教陶然（Cardinal Jean-Louis Tauran, President of PCID），邀請天主教一同加入「生命和平大學」計劃。
	05/31	靈鷲山花蓮共修處舉辦「大悲咒共修」。
陸月	06/01~06/29	靈鷲山慧命成長學院於全國各講堂分別舉辦「阿含課程初階主題——初轉之法（二）」。
	06/01~06/29	靈鷲山中壢中心每週一、三、四、六舉辦「敦煌舞」課程。
	06/01~06/29	靈鷲山新竹共修處每週四舉辦「禪修共修」。
	06/01~06/29	靈鷲山新營共修處每週四舉辦「《大方廣佛華嚴經》經典共修」。
	06/01~06/02	靈鷲山國際青年團於馬來西亞Savanna Hill Resort舉辦第五屆「青年團國際哈佛營幹部訓練」。

陸月

06/01	韓國佛教文化事業團曹溪宗寺院臺灣考察團在廣興寺梵鐘法師帶領下來山參訪。
06/02~06/13	靈鷲山感念貢寮地方長年來的協助，特地為澳底國小學童辦理四梯次的「生命教育鷲鳥學習列車．靈山探險趣」校外教學活動。
06/02~06/30	靈鷲山新竹共修處每週五舉辦「經典共修」。
06/02~06/30	靈鷲山臺中講堂每週五舉辦「平安禪修」。
06/02~06/30	靈鷲山高屏講堂每週五舉辦「禪法共修」。
06/02	靈鷲山嘉義中心舉辦「禪修共修」。
06/03~06/05	靈鷲山國際青年團於馬來西亞Savanna Hill Resort舉辦「大馬區第五屆國際哈佛青年營」。
06/03	靈鷲山護法總會於基隆講堂舉辦「委員成長營」。
06/03	靈鷲山香港佛學會啟建「慈悲三昧水懺法會」。
06/04	靈鷲山護法總會於桃園講堂舉辦「委員成長營」。
06/04	靈鷲山臺北講堂舉辦「《大乘妙法蓮華經》共修」。
06/04	靈鷲山新北分院、高屏講堂分別啟建「慈悲三昧水懺法會」。
06/04	靈鷲山中港中心、臺中講堂分別舉辦「一日禪」。
06/04	靈鷲山嘉義中心於上午舉辦「志工聯誼會」；下午舉辦「大悲咒共修」。
06/04	靈鷲山蘭陽講堂舉辦「百萬悲願暨禪修活動」。
06/05~06/26	靈鷲山新北分院每週一上午舉辦「平安禪共修」；下午舉辦「經典共修」。
06/05~06/26	靈鷲山桃園講堂每週一舉辦「敦煌舞」課程。
06/05~06/26	靈鷲山臺南分院每週一舉辦「禪悅舞」課程。
06/06~06/27	靈鷲山基隆講堂、臺北講堂每週二分別舉辦「平安禪共修」。
06/06~06/27	靈鷲山臺北講堂每週二舉辦「養生氣功班」。
06/06~06/27	靈鷲山新北分院每週二舉辦「花與禪」課程。
06/06~06/27	靈鷲山樹林中心每週二舉辦「拜願暨禪修」。
06/06~06/27	靈鷲山桃園講堂、中壢中心每週二分別舉辦「平安禪共修」。
06/06~06/27	靈鷲山蘭陽講堂每週二舉辦「平安禪暨經典共修」。
06/06~06/27	靈鷲山嘉義中心每週二舉辦「瑜伽班」。
06/06~06/27	靈鷲山高屏講堂每週二舉辦「書法抄經班」。
06/06~06/20	靈鷲山臺南分院每週二舉辦「《金剛般若波羅蜜經》共修」。
06/07~06/29	靈鷲山基隆講堂每週三舉辦「《大乘妙法蓮華經》共修」。
06/07~06/28	靈鷲山臺北講堂每週三舉辦「平安禪共修」及「經脈導引」。

陸月

06/07~06/28	靈鷲山基隆講堂每週三舉辦「書法班」。
06/07~06/28	靈鷲山中港中心每週三舉辦「九分禪暨經典共修」。
06/07~06/28	靈鷲山桃園講堂每週三舉辦「敦煌舞（初級班）」課程。
06/07~06/28	靈鷲山高屏講堂每週三舉辦「經典共修」。
06/07~06/21	靈鷲山花蓮共修處每週三舉辦「《藥師琉璃光如來本願功德經》共修」。
06/08~06/22	靈鷲山新營共修處每週四舉辦「禪修共修」。
06/08~06/09	靈鷲山於華藏海大講堂舉辦第二梯次「同仁宗風共識營」。
06/09~06/11	靈鷲山於花蓮鯉魚潭舉辦「花蓮旅行三日禪」。
06/09	世界宗教博物館於文化生活館舉辦「輕手做體驗課程．品味生活——梅子番茄」。
06/09、06/24	靈鷲山臺北講堂、新港中心、樹林中心分別啟建「千燈供佛法會」。
06/09、06/24	靈鷲山臺中講堂、嘉義中心、臺南分院、新營共修處以及高屏講堂分別舉辦「初一、十五佛供法會」。
06/09、06/24	靈鷲山臺南分院舉辦「百萬大悲咒共修」。
06/09、06/24	靈鷲山蘭陽講堂舉辦「初一、十五《金剛般若波羅蜜經》共修暨佛供」。
06/10～06/16	靈鷲山無生道場舉辦「平安禪（進階禪七）」。
06/10～06/11	泰國讚念長老（阿姜讚念．錫拉寫陀Ajahn Jumnien Silasettho）第九度造訪靈鷲山，與心道法師會面，為僧俗信眾傳授法教。
06/10	靈鷲山慧命成長學院舉辦「二〇一七經典開門．智慧列車課程」，邀請常樂法師主講《慈悲三昧水懺法》。
06/10	靈鷲山慧命成長學院舉辦第二場「心寧靜～做情緒的主人——教師單日研習講座」。
06/10	靈鷲山護法總會於臺中講堂舉辦「委員成長營」。
06/10	靈鷲山護法會新北A區於新北市三重區永盛里活動中心舉辦「幸福人生分享會」。
06/10	靈鷲山臺北講堂啟建「慈悲三昧水懺法會」。
06/10	靈鷲山高屏講堂舉辦「百萬大悲咒共修」。
06/11	世界宗教博物館舉辦洛桑龍達上師．熱貢唐卡藝術展——「西藏回春瑜伽養身」課程，邀請前雲門舞集舞者林雅雯老師教授。
06/11	靈鷲山慧命成長學院舉辦靈鷲山法教志工培訓課程「撰寫力」，邀請洪凌煙（左巴）老師主講。
06/11	靈鷲山護法總會於高屏講堂舉辦「委員成長營」。
06/11	靈鷲山臺北講堂、新營共修處分別舉辦「一日禪」。
06/11	靈鷲山基隆講堂、樹林中心分別舉辦「百萬大悲咒共修」。
06/11	靈鷲山桃園講堂啟建「慈悲三昧水懺法會」。
06/11	靈鷲山臺中講堂舉辦「大悲咒共修」。

陸月	06/11	靈鷲山檳城禪修中心於檳城菩提獨中禮堂舉辦「愛和平愛地球系列——寧靜的親子對話」演說，邀請宋慧慈老師主講。
	06/12	靈鷲山基隆講堂舉辦「誦戒會」。
	06/14	靈鷲山臺南分院舉辦「誦戒會」。
	06/16	世界宗教博物館於文化生活館舉辦「輕手做體驗課程・夏日神器——防蚊磚DIY」。
	06/17	心道法師赴臺北聖家堂參加天主教丁松筠神父追思會。
	06/17	心道法師親臨臺北誠品信義店舉辦《心經直契——空性的道路》與《聞盡——地球母親在呼喚》新書分享會，並與詩人羅智成對談心的世界。
	06/17	靈鷲山慈善基金會受邀出席於中國廈門萬佳國際酒店舉辦「第七屆海峽兩岸紅十字博愛論壇」，進行兩岸公益交流活動。
	06/17	靈鷲山護法總會於臺北講堂舉辦「委員成長營」。
	06/17	靈鷲山基隆講堂舉辦「朝禮靈鷲聖山」活動。
	06/17	靈鷲山高屏講堂舉辦「一日禪」。
	06/18	靈鷲山檳城禪修中心與馬來西亞荒野保護協會共同舉辦愛地球系列之「與自然共生息」分享會。
	06/18	靈鷲山護法總會於臺南分院舉辦「委員成長營」及「儲委第一堂課」(南場)。
	06/18	靈鷲山基隆講堂、桃園講堂分別舉辦「一日禪」。
	06/18	靈鷲山臺北講堂舉辦「回山齋僧」。
	06/18	靈鷲山臺中講堂、蘭陽講堂、花蓮共修處分別啟建「慈悲三昧水懺法會」。
	06/19	靈鷲山於聖山寺善法大樓啟建第一場「水陸齋僧法會」，邀請緬甸仰光全國上座部佛教巴利大學校長鳩摩羅尊者（Bhaddanta Kumara）主法。
	06/22	靈鷲山於華藏海大講堂舉辦「計畫管理軟體(Chief of Staff, COS)」介紹，邀請蘇利文（Dr. Lawrence E. Sullivan）教授主講，以及靈鷲山秋季主要活動介紹、綠禪食經營規劃，由總執行長葛達鏵 Gabor Zsolt Karsai主持。
	06/22 ～ 24	心道法師與生命和平大學紐約籌備處主任蘇利文博士（Dr. Lawrence E. Sullivan）於無生道場討論生命和平大學規劃展望。
	06/23~06/25	靈鷲山無生道場舉辦「平安禪三」。
	06/23~06/25	靈鷲山於華藏海大講堂舉辦靈鷲山榮譽董事「成佛一班・快樂大學習」體驗營，共同學習《初轉法輪經》的殊勝智慧。
	06/23	世界宗教博物館於文化生活館舉辦「輕手做體驗課程・療癒手做——馬卡龍吊飾DIY」」。
	06/23、06/30	靈鷲山嘉義中心舉辦「《大乘妙法蓮華經》共修」。
	06/24 ～ 06/28	世界宗教博物館於「青海熱貢唐卡藝術展」期間，邀請洛桑龍達上師來臺進行沙壇城繪製，並於圓滿日舉行入壇儀式。
	06/24 ～ 06/25	靈鷲山三十四週年慶期間，護法總會舉辦全區會「大朝山」活動。
	06/24	靈鷲山新北分院、中港中心、桃園講堂以及中壢中心分別舉辦「大悲咒共修」。

陸月	06/24	靈鷲山新竹共修處舉辦「經典共修」。
	06/25	靈鷲山於上下院舉辦「靈鷲山開山三十四週年慶系列慶典活動」，以「護持願力，世代傳承」為主軸，活動包括大朝山、聖山巡禮、圓通殿禪修體驗、宗風表揚以及青年營哈佛營的Live Band演出、寧靜好市集攤位、大悲平安餅義賣等活動。
	06/25	靈鷲山水陸法會第四場先修「大悲觀音普門品暨度亡法會」於下院聖山寺金佛園區啟建。
	06/25	靈鷲山臺南分院舉辦「《地藏菩薩本願經》共修」。
	06/25	靈鷲山紐約講堂啟建「慈悲三昧水懺法會」。
	06/28	靈鷲山花蓮共修處舉辦「大悲咒共修」。
	06/28 ～ 07/02	靈鷲山臺南分院啟建「梁皇寶懺暨五大士瑜伽燄口法會」。
	06/30	世界宗教博物館於文化生活館舉辦「輕手做體驗課程．輕鬆烘焙——莓果優格慕斯蛋糕」」。
柒月	07/01 ～ 07/02	靈鷲山馬來西亞檳城禪修中心於檳城植物公園（Penang Botanical）舉辦第二屆「檳城千人平安禪暨音樂會」，心道法師親臨引導平安禪法；隔天（07/02），心道法師主持靈鷲山檳城禪修中心動土及灑淨儀式。
	07/01	靈鷲山基隆講堂、香港佛學會分別啟建「慈悲三昧水懺法會」。
	07/01	靈鷲山臺北講堂舉辦「大悲咒共修」。
	07/01	靈鷲山蘭陽講堂舉辦「百萬悲願暨禪修」。
	07/01~07/31	靈鷲山中壢中心每週一、三、四、六舉辦「敦煌舞」課程。
	07/02	靈鷲山護法總會於蘭陽講堂舉辦「委員成長營」。
	07/02~07/03	靈鷲山臺北講堂舉辦「生活禪少年夏令營」。
	07/02	靈鷲山新北分院啟建「慈悲三昧水懺法會」
	07/02	靈鷲山樹林中心舉辦「百萬大悲咒共修」。
	07/03~07/04	靈鷲山於無生道場舉辦全山僧眾「水陸專題課程」。
	07/03~07/31	靈鷲山新北分院每週一舉辦「平安禪（九分禪）及經典共修」。
	07/03~07/31	靈鷲山桃園講堂每週一舉辦「敦煌舞」課程。
	07/03~07/31	靈鷲山臺南分院每週一舉辦「禪悅舞」課程。
	07/04~07/25	靈鷲山基隆講堂、桃園講堂、中壢中心每週二分別舉辦「平安禪共修」。
	07/04~07/25	靈鷲山臺北講堂每週二舉辦「平安禪共修」及「養生氣功班」。
	07/04~07/25	靈鷲山新北分院每週二舉辦「花與禪」課程。
	07/04~07/25	靈鷲山樹林中心每週二舉辦「拜願暨禪修」。
	07/04~07/25	靈鷲山嘉義中心每週二舉辦「瑜伽班」課程。
	07/04~07/25	靈鷲山臺南分院每週二舉辦「《金剛般若波羅蜜經》經典共修」。
	07/04~07/25	靈鷲山高屏講堂每週二舉辦「書法抄經班」。

柒月	07/04~07/25	靈鷲山蘭陽講堂每週二舉辦「平安禪暨經典共修」。
	07/05~07/07	廣州易新書院來靈鷲山體驗「平安禪三（企業禪）」，心道法師為其圓滿開示。
	07/05~07/06	靈鷲山國際青年團於靈鷲山下院聖山寺舉辦第五屆「國際哈佛青年營」幹部訓練。
	07/05~07/26	靈鷲山基隆講堂每週三舉辦「經典共修」及「書法班」。
	07/05~07/26	靈鷲山臺北講堂每週三舉辦「經脈導引」及「平安禪共修」課程。
	07/05~07/26	靈鷲山中港中心每週三舉辦「九分禪暨經典共修」。
	07/05~07/26	靈鷲山桃園講堂每週三舉辦「敦煌舞（初階班）」課程。
	07/05~07/26	靈鷲山臺中講堂、高屏講堂每週三分別舉辦「經典共修」。
	07/05~07/19	靈鷲山花蓮共修處每週三舉辦「《藥師琉璃光如來本願功德經》經典共修」。
	07/06~07/08	靈鷲山慧命成長學院於無生道場舉辦第十二期「心寧靜～情緒管理教學研習營」。
	07/06~07/27	靈鷲山新竹共修處舉辦「禪修共修」。
	07/06、07/20	靈鷲山新營共修處舉辦「《大乘妙法蓮華經》經典共修」。
	07/07~07/17	世界宗教博物館與中華民國博物館學會聯合舉辦二〇一七「西安・敦煌・新疆絲路之旅」，參訪秦始皇陵、兵馬俑、敦煌之博物館及新疆佛教石窟藝術等，並舉辦參訪座談，以深入瞭解博物館與絲路文化遺產的相關專業與情況。
	07/07	宗博文化生活館舉辦「手作課程：夏日神器——防蚊磚DIY」。
	07/07~07/17	靈鷲山榮譽董事會於中國西安舉辦「榮董藝術文化宗教・絲路朝聖之旅」。
	07/07~07/09	靈鷲山國際青年團於聖山寺舉辦第五屆「國際哈佛青年營」。
	07/07~07/28	靈鷲山臺北講堂每週五舉辦「基礎梵唄」課程。
	07/07~07/28	靈鷲山新竹共修處每週五舉辦「經典共修」。
	07/07~07/28	靈鷲山臺中講堂、高屏講堂及嘉義中心每週五分別舉辦「平安禪修」。
	07/08	世界宗教博物館舉辦「樂讀世界・世界閱讀——親子假日活動：聽日本民間故事，動手做壽司」。
	07/08	靈鷲山慧命成長學院於宗博文化生活館舉辦「二〇一七經典開門・智慧列車課程」，邀請靈鷲山首座了意法師主講《大乘妙法蓮華經——法華七喻》。
	07/08、07/23	靈鷲山臺北講堂、中港中心、樹林中心、臺中講堂、嘉義中心、臺南分院、新營共修處、高屏講堂及蘭陽講堂分別舉辦「初一、十五燃燈供佛法會」。
	07/08	靈鷲山新竹共修處、高屏講堂分別舉辦「大悲咒共修」。
	07/08、07/23	靈鷲山臺南分院舉辦「百萬大悲咒共修」。
	07/09	中國北京明心讀書會成員來山向心道法師請法。
	07/09	靈鷲山基隆講堂舉辦「大悲咒共修」。
	07/09	靈鷲山臺北講堂於華藏海大講堂舉辦「一日禪」。
	07/09	靈鷲山新北分院舉辦「一日禪」。

柒月

07/09	靈鷲山桃園講堂啟建「慈悲三昧水懺法會」
07/09	靈鷲山蘭陽講堂一行回山擔任志工。
07/10	靈鷲山基隆講堂舉辦「誦戒會」。
07/12	靈鷲山舉辦「觀音三會．大願之路朝山行」。
07/12	靈鷲山嘉義中心舉辦「《大方廣佛華嚴經普賢行願品》暨〈大悲咒〉以及佛供共修法會」。
07/12、07/26	靈鷲山臺南分院舉辦「誦戒會」。
07/13	靈鷲山無生道場獲二〇一七新北市「績優宗教團體與公益慈善及社會教化事業表揚大會」頒贈績優宗教團體「社會教化獎」，由悉慧法師代表接受表揚。
07/13	國際知名設計師周仰杰（Jimmy Choo）前來世界宗教博物館參觀「悲智境相——洛桑龍達上師．青海熱貢唐卡」藝術特展。
07/13、07/27	靈鷲山新營共修處舉辦「禪修共修」。
07/14 ~ 07/16	心道法師受上海明心讀書會之邀前往中國上海中信泰富朱家角錦江酒店主持「平安禪三」，親自傳授平安禪法。
07/14	宗博文化生活館舉辦「手作課程：香氛手作——沐浴球DIY」。
07/14、07/28	靈鷲山嘉義中心舉辦「《大乘妙法蓮華經》經典共修」。
07/15~07/16	靈鷲山於華藏海舉辦「禪法工培訓」課程。
07/15	靈鷲山護法總會於新北分院舉辦「儲委第一堂課(北區)」。
07/15~07/16	靈鷲山臺南分院舉辦「普仁學子知性之旅」。
07/15	靈鷲山臺北講堂啟建「慈悲三昧水懺法會」。
07/15	靈鷲山高屏講堂舉辦「水陸前行推廣」課程。
07/16	靈鷲山基隆講堂、桃園講堂分別舉辦「一日禪」。
07/16	靈鷲山臺中講堂、吉隆坡中心分別啟建「慈悲三昧水懺法會」。
07/16~07/17	靈鷲山新營共修處舉辦「回山齋僧」。
07/21~07/23	靈鷲山於無生道場舉辦「斷食禪三」。
07/21~07/23	靈鷲山慧命成長學院於中國海南島舉辦「阿含初階主題課程——初轉之法」。
07/21	宗博文化生活館舉辦「手作課程：輕鬆烘焙——抹茶生乳酪」。
07/22	世界宗教博物館舉辦「樂讀世界．世界閱讀—— 親子假日活動：聽臺灣民間信仰故事，動手做糖葫蘆」。
07/22	靈鷲山基隆講堂舉辦「《慈悲三昧水懺》佛學講座」。
07/22	靈鷲山臺北講堂一行回山擔任志工。
07/22	靈鷲山新北分院、中港中心、桃園講堂、中壢中心分別舉辦「大悲咒共修」。
07/22	靈鷲山高屏講堂舉辦「一日禪」。

柒月	07/22~07/23	靈鷲山蘭陽講堂舉辦「二日禪」。
	07/23	靈鷲山於新北市立高工舉辦第五場水陸先修法會「八關齋戒暨瑜伽燄口法會」。
	07/23	靈鷲山慧命成長學院舉辦「靈鷲山法教志工培訓課程：教育推廣初階培訓(一) 撰寫力」課程，邀請洪凌煙(左巴)老師主講。
	07/23	華德福團體實驗教育【龍樹學堂】於靈鷲山無生道場舉辦「玩手工心體驗．筆袋編&縫」手作活動，邀請資深共學家長黃淑芬以親子共學的方式，親手製作獨一無二開學用筆袋。
	07/23	靈鷲山臺中講堂舉辦「大悲咒共修」。
	07/23	靈鷲山臺南分院舉辦「區會委員聯誼會」。
	07/24	靈鷲山第二場「水陸齋僧法會」於聖山寺善法大樓啟建。
	07/24	法鼓山方丈果東法師一行來山參訪，並拜會心道法師。
	07/25	靈鷲山中壢中心舉辦「經典共修」。
	07/25~07/31	靈鷲山紐約道場啟建「梁皇寶懺法會」。
	07/26	靈鷲山花蓮共修處舉辦「大悲咒共修」。
	07/27	靈鷲山桃園講堂舉辦「經典共修」。
	07/27	靈鷲山中壢中心舉辦「平安禪共修」。
	07/28	新北市板橋中山國中校長陳君武及家長會等一行來山參訪。
	07/28	宗博文化生活館舉辦「手作課程：療癒手作──多肉盆景」。
	07/28~07/30	靈鷲山慧命成長學院於泰國舉辦「阿含初階主題課程──初轉之法」。
	07/28~07/30	靈鷲山臺南分院舉辦「兒童快樂學佛營──跟著悉達多來尋寶」。
	07/29	世界宗教博物館舉辦「我是小小建築師──親子體驗營」。
	07/29~07/30	靈鷲山大悲團、朝山團、禪修團以及護法會幹部於聖山寺善法大樓舉辦「宗風幹部活力營」。
	07/29	靈鷲山臺北講堂舉辦「《大乘妙法蓮華經》共修」。
	07/29	宗博文化生活館舉辦「直觀見性 曾定榆──烏木雕個展：禪思系列與心靈的對話」開幕茶會。
	07/29~10/01	宗博文化生活館舉辦「直觀見性 曾定榆──烏木雕個展：禪思系列與心靈的對話」特展。
	07/30	靈鷲山桃園講堂啟建「慈悲三昧水懺法會」。
	07/30	靈鷲山嘉義中心啟建「地藏暨蒙山施食法會」。
	07/30	靈鷲山新營共修處舉辦「一日禪」。
捌月	08/01~10/08	世界宗教博物館策劃雙特展，同時展出「繡裡乾坤──寺廟繡品的故事：臺灣首廟天壇收藏精選特展」，並與李天祿布袋戲文物館、新莊文化藝術中心、新店文史館等新北文藝平臺合作，共同舉辦「技藝新北──薪傳世代新動力：李天祿布袋戲展演」。
	08/01~08/29	靈鷲山基隆講堂、臺北講堂、桃園講堂以及蘭陽講堂每週二分別舉辦「平安禪共修」。
	08/01~08/29	靈鷲山臺北講堂每週二舉辦「養生氣功班」。

捌月

08/01~08/29	靈鷲山新北分院每週二舉辦「花與禪」課程。
08/01~08/29	靈鷲山臺南分院、中壢中心每週二分別舉辦「經典共修」。
08/01~08/29	靈鷲山嘉義中心每週二舉辦「瑜伽班」。
08/01~08/22	靈鷲山高屏講堂每週二舉辦「書法抄經班」。
08/02~08/30	靈鷲山基隆講堂每週三舉辦「書法班」以及「《大乘妙法蓮華經》經典共修」。
08/02~08/30	靈鷲山臺北講堂每週三舉辦「經脈導引」課程、「平安禪共修」。
08/02~08/30	靈鷲山中港中心每週三舉辦「九分禪暨經典共修」。
08/02~08/30	靈鷲山中壢中心每週三舉辦「敦煌舞」課程。
08/02~08/23	靈鷲山桃園講堂每週三舉辦「敦煌舞（初階班）」課程。
08/02~08/30	靈鷲山高屏講堂每週三舉辦「經典共修」。
08/02~08/23	靈鷲山花蓮共修處每週三舉辦「《藥師琉璃光如來本願功德經》經典共修」。
08/03	福智僧團住持如淨法師帶領一行共五十七位僧眾來山參訪，並拜會心道法師。
08/03~08/24	靈鷲山桃園講堂每週四舉辦「經典共修」。
08/03~08/31	靈鷲山中壢中心每週四舉辦「平安禪共修」及「敦煌舞」課程。
08/03~08/31	靈鷲山新竹共修處每週四舉辦「禪修共修」。
08/03~08/31	靈鷲山新營共修處每週四舉辦「《大乘妙法蓮華經》經典共修」。
08/03、08/10	靈鷲山於蘭陽講堂舉辦「阿含課程初階主題——基礎二：律己」。
08/04 ~ 08/08	靈鷲山舉辦「龍樹生命和平教育課程（Nagarjuna Education for Peace and Life）」——016二年級第一期。
08/04 ~ 08/05	靈鷲山於無生道場舉辦「禪法工——斷食榨汁組」培訓課程。
08/04	靈鷲山臺北講堂舉辦「基礎梵唄」課程。
08/04 ~ 08/25	靈鷲山基隆講堂每週五舉辦「基礎梵唄」課程。
08/04 ~ 08/25	靈鷲山新竹共修處每週五舉辦「經典共修」。
08/04 ~ 08/25	靈鷲山臺中講堂每週五舉辦「禪修共修」。
08/04 ~ 08/25	靈鷲山臺南分院、高屏講堂每週五舉辦「平安禪共修」。
08/04	靈鷲山嘉義中心舉辦「禪修共修」。
08/05 ~ 08/09	心道法師前往東南亞弘法行，出席靈鷲山於萬隆舉辦的「亞洲宗風營」，並於印尼雅加達、萬隆接見當地信眾。
08/05	世界宗教博物館與李天祿布袋戲文物館合作舉辦「偶之衣裝——布袋戲偶服飾繡品」特展之「體驗工作坊——彩繪布袋戲服活動」。
08/05 ~ 08/06	靈鷲山於下院聖山寺舉辦「聖山寺志工淨心營」。

捌月

08/05	靈鷲山基隆講堂、香港佛學會分別啟建「慈悲三昧水懺法會」。
08/05	靈鷲山臺北講堂舉辦「大悲咒共修」。
08/05	靈鷲山臺中講堂舉辦「一日禪」。
08/05～08/26	靈鷲山中壢中心每週六舉辦「敦煌舞」課程。
08/05	靈鷲山中壢中心一行回山擔任志工。
08/06	心道法師出席於印尼萬隆舉辦之第五屆「亞洲宗風營」。
08/06	世界宗教博物館舉辦「繡裡乾坤——寺廟繡品的故事：臺灣首廟天壇收藏精選特展」教育活動，邀請國立臺灣藝術大學藝術史黃翠梅教授主講「臺灣首廟天壇既存古物調查與研究——以宗教繡品為例」。
08/06～08/12	靈鷲山於無生道場舉辦「平安禪——進階禪七」，並搭配有機蔬菜汁斷食。
08/06、08/22	靈鷲山臺北講堂、中港中心、臺中講堂、嘉義中心、臺南分院、新營共修處及高屏講堂分別舉辦「初一、十五燃燈供佛法會」。
08/06	靈鷲山新北分院啟建「慈悲三昧水懺法會」。
08/06	靈鷲山樹林中心舉辦「百萬大悲咒共修」。
08/06、08/22	靈鷲山樹林中心舉辦「初一、十五誦戒會」。
08/06	靈鷲山嘉義中心舉辦「大悲咒共修」。
08/06	靈鷲山蘭陽講堂舉辦「百萬悲願暨禪修」。
08/06、08/22	靈鷲山臺南分院舉辦「大悲咒共修」。
08/06～08/07	靈鷲山高屏講堂舉辦「回山齋僧暨朝山活動」。
08/06、08/22	靈鷲山蘭陽講堂舉辦「初一、十五《金剛般若波羅蜜經》共修暨燃燈供佛法會」。
08/07～08/28	靈鷲山新北分院每週一舉辦「平安禪（九分禪）」、「經典共修」。
08/07～08/28	靈鷲山桃園講堂、中壢中心每週一分別舉辦「敦煌舞」課程。
08/07～08/28	靈鷲山臺南分院每週一舉辦「禪悅舞」
08/08、08/11	靈鷲山與新北市政府合作舉辦「新北兒童消防夏令營——防災犀力士盛夏奇幻之旅」。
08/09	靈鷲山臺南分院舉辦「誦戒會」。
08/10	靈鷲山新營共修處舉辦「禪修共修」。
08/11	靈鷲山首座了意法師於中國山西省「教育的真相——五臺山生命智慧之旅」為一百多位國中、小學校長講授「四期教育課程」並帶領寧靜一分鐘平安禪。
08/11～08/12	靈鷲山慧命成長學院於無生道場舉辦「全球心寧靜教師團二日進階暨團員大會」。
08/11	宗博文化生活館舉辦「手作課程：輕鬆烘焙——百香慕斯蛋糕」。
08/11	靈鷲山臺北分院舉辦「基礎梵唄」課程。
08/11	靈鷲山嘉義中心舉辦「《大乘妙法蓮華經》經典共修」。

捌月

08/12	靈鷲山響應環保署發起「全國揪團認養海岸淨灘計劃」，認養新北市貢寮區石碇溪步道海岸，於每月發起「淨灘愛地球、愛和平」活動。
08/12	世界宗教博物館舉辦「樂讀世界．世界閱讀——親子假日活動：聽原住民傳說，動手做原住民傳統食物」。
08/12	靈鷲山臺北講堂啟建「慈悲三昧水懺法會」。
08/12	靈鷲山新竹共修處舉辦「大悲咒共修」。
08/12	靈鷲山高屏講堂舉辦「百萬大悲咒共修」。
08/13	靈鷲山慧命成長學院舉辦「靈鷲山法教志工培訓課程：教育推廣初階培訓(一)傳播力」課程，邀請林國賓老師主講。
08/13	靈鷲山國際青年團於基隆講堂舉辦青年宗風體驗營「營的力量」，邀請勞動力發展署共通核心職能講師陳聰明老師主講。
08/13	靈鷲山基隆講堂舉辦「百萬大悲咒共修」。
08/13	靈鷲山臺北講堂舉辦水陸前行課程：「開啟生命之花．水陸法會」，邀請妙依法師以及鄭阿善師姐主講。
08/13	靈鷲山中壢中心、花蓮共修處分別啟建「慈悲三昧水懺法會」。
08/13	靈鷲山臺南分院舉辦「一日禪」。
08/14	靈鷲山基隆講堂舉辦「誦戒會」。
08/15~10/15	世界宗教博物館與琉園及設計師兼雕刻家蔣晟合作舉辦「相信的模樣——蔣晟琉璃佛造像展」。
08/18 ～ 19	華德福團體實驗教育【龍樹學堂】假靈鷲山無生道場舉辦「玩自然．心體驗親子活動」，並特別邀約草山泉親子共學團及視覺設計規劃、天然染布講師羅曉萍（小Miu）老師共同參與。
08/18 ～ 08/20	靈鷲山榮譽董事會於苗栗巧克力雲莊舉辦四期教育「阿含期主題課程——無我之道」，課後安排學員前往大湖法雲禪寺進行尋根之旅。
08/19 ～ 08/20	世界宗教博物館舉辦「樂讀世界．世界閱讀——親子假日活動：偶戲創作營」。
08/19	靈鷲山基隆講堂舉辦「朝禮靈鷲聖山」活動。
08/19	宗博文化生活館舉辦「手作課程：香氛手作——沐浴球DIY」。
08/19	靈鷲山於無生道場舉辦「樂活親子禪」。
08/19	靈鷲山臺北講堂一行回山擔任志工。
08/19 ～ 08/20	靈鷲山高屏講堂舉辦「寧靜親子營」活動。
08/20	靈鷲山基隆講堂於基隆仁愛國小舉辦「親子快樂禪」。
08/20	靈鷲山臺中講堂舉辦「大悲咒共修」。
08/20	靈鷲山嘉義中心舉辦「水陸前行課程」。
08/21	靈鷲山臺北講堂舉辦「回山齋僧」。
08/23	靈鷲山臺南分院舉辦「誦戒會」。
08/24	靈鷲山新營共修處舉辦「禪修共修」。

捌月	08/26	世界宗教博物館舉辦「樂讀世界・世界閱讀——親子假日活動：聽越南傳統童話，動手做越南美食」。
	08/25 ～ 08/27	靈鷲山慧命成長學院於中國福建福州舉辦四期教育「阿含期主題課程——無我之道」。
	08/25	靈鷲山嘉義中心舉辦「《大乘妙法蓮華經》經典共修」。
	08/26	靈鷲山臺北講堂舉辦「《大乘妙法蓮華經》經典共修」。
	08/26	靈鷲山新北分院聯同世界宗教博物館與當地社區舉辦「慶讚中元普度法會」。
	08/26	靈鷲山中港中心、桃園講堂、中壢中心分別舉辦「大悲咒共修」。
	08/26	靈鷲山高屏講堂舉辦「水陸前行課程」。
	08/27	靈鷲山基隆講堂一行回山擔任志工。
	08/27	靈鷲山臺南講堂舉辦「《地藏菩薩本願經》經典共修」。
	08/27	靈鷲山蘭陽講堂舉辦「朝禮靈鷲聖山」活動。
	08/27	靈鷲山紐約道場啟建「慈悲三昧水懺法會」。
	08/30	靈鷲山花蓮共修處舉辦「大悲咒共修」。
玖月	09/01	靈鷲山無生道場、靈鷲山佛教基金會、世界宗教博物館發展基金會分別榮獲內政部頒發二〇一七年「績優宗教團體」獎項。
	09/01~09/03	靈鷲山於無生道場舉辦「平安禪（基礎禪三）」。
	09/01~09/29	靈鷲山新竹共修處每週五舉辦「經典共修」。
	09/01~09/29	靈鷲山臺中講堂、臺南分院及高屏講堂每週五分別舉辦「平安禪修」。
	09/01	靈鷲山嘉義中心舉辦「禪修共修」。
	09/02	世界宗教博物館舉辦「繡裡乾坤——寺廟繡品的故事：臺灣首廟天壇收藏精選特展」教育活動，邀請府城光彩繡莊林玉泉繡才以及府城光彩映縷門林婕瑀總監主講「刺繡示範講座：府城光彩繡莊——老技藝、新生命」。
	09/02~09/30	靈鷲山中壢中心每週六舉辦「敦煌舞」課程。
	09/02、09/16	靈鷲山新營共修處舉辦「大悲咒共修」。
	09/02	靈鷲山高屏講堂舉辦「百萬大悲咒共修」。
	09/03	靈鷲山基隆講堂舉辦「大悲咒共修」。
	09/03	靈鷲山蘭陽講堂舉辦「百萬悲願暨禪修」。
	09/04	心道法師著作《坐禪的力量：十場靈性的師徒對話錄》新書出版。
	09/04~09/25	靈鷲山中壢中心每週一舉辦「敦煌舞」課程。
	09/04~09/25	靈鷲山臺南分院每週一舉辦「禪悅舞」課程。
	09/05	靈鷲山與桃園市消防局於桃園巨蛋體育館共同舉辦消防講習說明會，以確保水陸法會期間公共安全及生命財產安全。

玖月	09/05、09/20	靈鷲山臺北講堂、中港中心、臺中講堂、嘉義中心、臺南分院、新營共修處及高屏講堂分別舉辦「初一、十五燃燈供佛法會」。
	09/05、09/26	靈鷲山嘉義中心舉辦「瑜伽班」。
	09/05、09/26	靈鷲山高屏講堂舉辦「書法抄經班」。
	09/05、09/20	靈鷲山臺南分院舉辦「大悲咒共修」。
	09/05、9/20	靈鷲山蘭陽講堂舉辦「初一、十五《金剛般若波羅蜜經》共修暨佛供法會」。
	09/06~09/13	靈鷲山第二十四屆水陸空大法會於桃園巨蛋體育館啟建，以「日日齋戒心、生活簡單過」為主題，希望落實「齋戒、布施、懺悔、簡樸」的生活原則，達到維護地球環境永續為目的。
	09/06	靈鷲山與桃園市政府、桃園地方宮廟代表於靈鷲山水陸空大法會啟建現場聯合舉辦「宗教聯合祈福會」，祈願法會順利，地方安寧、興盛。
	09/06~09/27	靈鷲山中壢中心每週三舉辦「敦煌舞」課程。
	09/07、09/21	靈鷲山新營共修處舉辦「經典共修暨大悲咒共修」。
	09/07~09/28	靈鷲山中壢中心每週四舉辦「敦煌舞」課程。
	09/08	靈鷲山水陸空大法會期間，禮請緬甸仰光全國上座部巴利大學校長鳩摩羅尊者(Ashin Bhddanta Kumara)主持南傳八關齋戒。
	09/08	靈鷲山水陸空大法會期間，心道法師於法會現場信眾休息區舉辦《坐禪的力量：十場靈性的師徒對話錄》新書見面會。
	09/09	靈鷲山水陸空大法會期間，靈鷲山國際青年團於法會現場舉辦「與師有約同學會」。
	09/09~09/10	靈鷲山水陸空大法會期間，心道法師於法會現場為大眾舉行「皈依儀式」。
	09/09、09/23	靈鷲山新營共修處舉辦「合唱團」課程。
	09/10	靈鷲山水陸空大法會期間，靈鷲山榮譽董事會於法會現場舉辦「榮董水陸捻香暨與師有約聯誼會」。
	09/10	世界宗教博物館舉辦「繡裡乾坤──寺廟繡品的故事：臺灣首廟天壇收藏精選特展」教育活動，邀請臺灣首廟天壇秘書陳淑鈴主講「臺灣首廟天壇的古往今來」。
	09/10	世界宗教博物館舉辦「技藝新北──薪傳世代新動力：李天祿布袋戲展演」教育活動，教授「布袋戲工藝──頭盔製作」。
	09/10	靈鷲山蘭陽講堂舉辦「水陸朝聖」活動。
	09/10	靈鷲山花蓮共修處啟建「慈悲三昧水懺法會」。
	09/11	靈鷲山水陸空大法會第三場齋僧法會，禮請緬甸仰光全國上座部國立巴利大學校長鳩摩羅尊者主持，邀請水陸法會各壇法師一起受供。
	09/11~09/14	由宗教靈修領袖發起的「愛與慈悲朝聖之旅」，從蘇菲中心走到世界正義所在地的海牙和平宮，點亮世界和平火焰，由於適逢水陸期間，心道法師特別預錄開示影片表達祝福。
	09/11、09/18	靈鷲山新北分院舉辦「平安禪（九分禪）共修」及「經典共修」。
	09/12	靈鷲山水陸空大法會舉辦「愛心贊普」捐助儀式，與桃園地區四千三百戶有需要的家庭及四十二個慈善團體結緣。

玖月

09/13、09/20	靈鷲山花蓮共修處舉辦「《藥師琉璃光如來本願功德經》共修」。
09/14	靈鷲山榮譽董事會舉辦海外榮董「平安半日禪」。
09/14~09/15	靈鷲山接待海外功德主回山體驗「平安禪修」。
09/14~09/28	靈鷲山新竹共修處每週四舉辦「禪修共修」。
09/14、09/28	靈鷲山新營共修處舉辦「經典共修」。
09/16	靈鷲山臺北講堂一行回山擔任志工。
09/17	心道法師暨靈鷲山常住僧眾受中華國際供佛齋僧功德會之邀，應供出席於國立體育大學綜合體育館（林口體育館）舉辦「國際供佛齋僧大會」。
09/17	世界宗教博物館舉辦「繡裡乾坤——寺廟繡品的故事：臺灣首廟天壇收藏精選特展」教育活動，邀請靜宜大學臺灣研究中心溫宗翰執行長主講「奉天承運、受命於天——漫談臺灣天公信仰」。
09/17	靈鷲山基隆講堂、臺北講堂分別舉辦「一日禪」。
09/18	靈鷲山基隆講堂舉辦「誦戒會」。
09/18、09/25	靈鷲山桃園講堂舉辦「敦煌舞」課程。
09/19	世界宗教博物館與王永慶先生教育基金會連續第六年共同舉辦「2300萬人的幸福學堂」計劃，規劃不同的主題安排參觀導覽、校園巡展、DIY等教育活動，邀請臺灣各地偏鄉學校免費參與，希望推動生命教育與多元文化教育。
09/19、09/26	靈鷲山基隆講堂、臺北講堂及桃園講堂分別舉辦「平安禪共修」。
09/19、09/26	靈鷲山臺北講堂舉辦「養生氣功班」。
09/19、09/26	靈鷲山中壢中心舉辦「經典共修」。
09/19、09/26	靈鷲山臺南分院舉辦「《金剛般若波羅蜜經》經典共修」。
09/19、09/26	靈鷲山蘭陽講堂舉辦「平安禪暨經典共修」。
09/20	靈鷲山慈善基金會於臺北講堂舉辦「普仁獎全球推行委員會議」。
09/20	華德福團體實驗教育「龍樹學堂」假靈鷲山聖山寺舉辦「秋季慶典」。
09/20、09/27	靈鷲山基隆講堂舉辦「《大乘妙法蓮華經》經典共修」、「書法班」。
09/20、09/27	靈鷲山臺北講堂舉辦「平安禪共修」、「經脈導引」課程。
09/20	靈鷲山樹林中心舉辦「初一誦戒、佛供」法會。
09/20、09/27	靈鷲山中港中心舉辦「九分禪暨經典共修」。
09/20、09/27	靈鷲山桃園講堂舉辦「敦煌舞（初級班）」課程。
09/20、09/27	靈鷲山高屏講堂舉辦「經典共修」。
09/20	靈鷲山臺南分院舉辦「誦戒會」。
09/21	靈鷲山桃園講堂舉辦「經典共修」。
09/21、09/28	靈鷲山中壢中心舉辦「平安禪共修」。

玖月	09/22	靈鷲山三乘佛學院舉辦106學年度（上）開學典禮。
	09/22、09/29	靈鷲山基隆講堂舉辦「臨終關懷」課程。
	09/22、09/29	靈鷲山嘉義中心舉辦「《大乘妙法蓮華經》經典共修」。
	09/23	靈鷲山於貢寮區石碇溪步道海岸舉辦「淨灘愛地球、愛和平」活動，由靈鷲山總執行長葛達鎷（Gabor Zsolt Karsai）帶領眾人淨灘。
	09/23 ～ 24	心道法師前往泰國弘法期間，於靈鷲山泰國禪修中心教授「平安禪」，期間並與臺灣駐泰國童振源大使會面。
	09/23	靈鷲山基隆講堂舉辦「朝山暨志工日」。
	09/23	靈鷲山新北分院舉辦「大悲咒共修」。
	09/23	靈鷲山中港中心、新營共修處分別舉辦「大悲咒共修」。
	09/23	靈鷲山桃園講堂、中壢中心分別舉辦「禪修暨大悲咒共修」。
	09/23	靈鷲山臺中講堂舉辦「朝禮靈鷲聖山」活動。
	09/23~09/24	靈鷲山蘭陽講堂舉辦「總本山志工教育訓練」。
	09/24	世界宗教博物館舉辦「技藝新北──薪傳世代新動力：李天祿布袋戲展演」教育活動，邀請亦宛然掌中劇團演出《西遊記之火雲洞》。
	09/24	靈鷲山臺北講堂舉辦「《大乘妙法蓮華經》經典共修」。
	09/24	靈鷲山臺中講堂一行回山擔任志工。
	09/24	靈鷲山嘉義中心舉辦「一日禪」。
	09/24	靈鷲山臺南分院舉辦「《地藏菩薩本願經》經典共修」。
	09/26	天主教駐緬甸樞機主教薄茂恩（Card. Charles Maung Bo, S.D.B）造訪緬甸仰光大善園寺，與心道法師會面。
	09/27~09/30	靈鷲山於緬甸仰光舉辦第二場「生命和平大學緬甸智庫會議」；並在30日帶領國際顧問團隊前往弄曼的「生命和平大學」預定地參訪。
	09/27	靈鷲山花蓮共修處舉辦「大悲咒共修」。
拾月	10/01	靈鷲山樹林中心、嘉義中心分別舉辦「百萬大悲咒共修」。
	10/01	靈鷲山中壢中心啟建「慈悲三昧水懺法會」。
	10/01	靈鷲山蘭陽講堂舉辦「百萬悲願暨禪修」。
	10/02~10/30	靈鷲山新北分院於每週一舉辦「平安禪暨經典共修」。
	10/02~10/30	靈鷲山桃園講堂、中壢中心於每週一分別舉辦「敦煌舞」課程。
	10/02~10/23	靈鷲山臺南分院於每週一舉辦「禪悅舞」課程。
	10/03	世界宗教博物館與王永慶先生教育基金會共同合作舉辦「2300人的幸福學堂」計畫，推動生命教育與多元文化教育，邀請偏鄉學童參觀宗博館、手做DIY體驗、參與校園巡展等教育活動，今年主題為「神話傳說遊世界」，當日舉辦開課典禮，邀請臺北市士林區富安國小學童前來參觀世界宗教博物館。

拾月		
	10/03	靈鷲山於新北分院舉辦「同仁宗風共識營」回訓。
	10/03~10/31	靈鷲山基隆講堂、臺北講堂、樹林中心及桃園講堂於每週二分別舉辦「平安禪共修」。
	10/03~10/31	靈鷲山臺北講堂於每週二舉辦「養生氣功班」。
	10/03~10/31	靈鷲山新北分院於每週二舉辦「花與禪」課程。
	10/03	靈鷲山中壢中心舉辦「經典共修」。
	10/03~10/31	靈鷲山嘉義中心於每週二舉辦「瑜伽班」。
	10/03~10/31	靈鷲山臺南分院於每週二舉辦「《金剛般若波羅蜜經》經典共修」。
	10/03~10/31	靈鷲山高屏講堂於每週二舉辦「書法抄經班」。
	10/04	靈鷲山無生道場舉行「中秋素烤、國樂與書法文化饗宴」。
	10/04、10/20	靈鷲山臺北講堂、中港中心、臺中講堂、嘉義中心、臺南分院、新營共修處、高屏講堂及蘭陽講堂分別舉辦「初一、十五燃燈供佛法會」。
	10/04~10/25	靈鷲山臺北講堂於每週三舉辦「平安禪共修」、「經脈導引」。
	10/04~10/25	靈鷲山中港中心於每週三舉辦「平安禪暨經典共修」。
	10/04、10/20	靈鷲山樹林中心舉辦「初一、十五誦戒會及佛供會」。
	10/04、10/20	靈鷲山臺南分院舉辦「百萬大悲咒共修」。
	10/04、10/18	靈鷲山臺南分院舉辦「誦戒會」。
	10/05、10/21	靈鷲山桃園講堂舉辦「經典共修」。
	10/05 ～ 10/28	靈鷲山中壢中心於每週三、四、六舉辦「敦煌舞」課程。
	10/05 ～ 10/26	靈鷲山新竹共修處於每週四舉辦「平安禪（禪訓一）」。
	10/05、10/19	靈鷲山新營共修處舉辦「經典共修暨大悲咒共修」。
	10/06	心道法師親臨靈鷲山寂光寺為白玉大臥佛進行「裝臟安座儀式」。
	10/06 ～ 10/27	靈鷲山新竹共修處於每週五舉辦「經典共修」。
	10/06 ～ 10/27	靈鷲山臺中講堂、臺南分院及高屏講堂於每週五分別舉辦「平安禪共修」。
	10/06	靈鷲山嘉義中心舉辦「禪修共修」。
	10/07 ～ 10/14	靈鷲山慈善基金會與長庚醫院組織義診團，前往緬甸臘戌偏鄉社區進行義診及衛教宣導。
	10/07	靈鷲山榮譽董事會於臺北市王朝酒店舉辦「二〇一七新科榮董授證大會暨感恩上師聯誼午宴」。
	10/07 ～ 10/08	靈鷲山於華藏海舉辦「禪法工培訓」。
	10/07、10/21	靈鷲山新營共修處舉辦「大悲咒共修」。
	10/07	靈鷲山香港佛學會啟建「慈悲三昧水懺法會」。
	10/08	靈鷲山舉辦兩場「生命和平音樂會」，首場於高雄社教館舉辦，宣告「生命和平大學」正式啟動，並邀請各界共創「愛地球、愛和平」的新生活運動。

拾月

10/08	靈鷲山基隆講堂、臺北講堂分別舉辦「大悲咒共修」。
10/08	靈鷲山桃園講堂、花蓮共修處分別啟建「慈悲三昧水懺法會」。
10/10	靈鷲山舉辦兩場「生命和平音樂會」，第二場於臺北市國際世貿會議中心舉辦，宣告「生命和平大學」正式啟動，並邀請各界共創「愛地球、愛和平」的新生活運動。
10/11 ～ 10/25	靈鷲山基隆講堂於每週三早晚分別舉辦「《大乘妙法蓮華經》經典共修」、「書法班」課程。
10/11 ～ 10/25	靈鷲山桃園講堂於每週三舉辦「敦煌舞」課程。
10/11 ～ 10/25	靈鷲山高屏講堂於每週三舉辦「經典共修」。
10/11、10/18	靈鷲山花蓮共修處舉辦「《藥師琉璃光如來本願功德經》經典共修」。
10/12	世界宗教博物館與文化部文化資產局合作，於文化資產保存研究中心舉辦「寺廟是座博物館——2017寺廟古物保存活化論壇」。
10/12	南美洲巴拉圭最高法院院長貝尼德斯賢伉儷來山參訪。
10/12	靈鷲山於聖山寺善法大樓舉辦「同仁宗風共識營」回訓。
10/12、10/26	靈鷲山新營共修處舉辦「經典共修」。
10/13 ～ 10/15	心道法師於北京沐和淨心苑帶領信眾「平安三日禪」。
10/13、10/27	靈鷲山嘉義中心舉辦「《大乘妙法蓮華經》經典共修」。
10/14	靈鷲山慧命成長學院舉辦「二〇一七經典開門．智慧列車課程」，禮請靈鷲山常樂法師主講《慈悲三昧水懺法》。
10/14	靈鷲山慧命成長學院於臺南大成國中舉辦第三場「心寧靜——做情緒的主人」教師單日研習營。
10/14	靈鷲山臺北講堂舉辦「《大乘妙法蓮華經》共修」。
10/14	靈鷲山祖庭寂光寺啟建「地藏法會暨瑜伽燄口法會」。
10/14	靈鷲山新竹共修處舉辦「大悲咒共修」。
10/14	靈鷲山高屏講堂舉辦「百萬大悲咒共修」。
10/14 ～ 10/15	靈鷲山臺南分院舉辦「平安禪進階課程（禪訓二）」。
10/14、10/28	靈鷲山新營共修處舉辦「合唱團」。
10/15 ～ 10/21	靈鷲山於無生道場舉辦「進階平安禪七」。
10/15	靈鷲山基隆講堂、桃園講堂分別舉辦「一日禪」。
10/16、10/26	靈鷲山慧命成長學院於基隆講堂、臺北講堂、桃園講堂、中壢中心、臺中講堂、臺南分院、高屏講堂、嘉義中心及蘭陽講堂分別於週四舉辦「阿含期進階主題課程——無我之道」。
10/16	靈鷲山基隆講堂舉辦「誦戒會」。
10/17 ～ 10/31	靈鷲山中壢中心於每週四舉辦「平安禪共修」。
10/21 ～ 10/22	靈鷲山下院聖山寺啟建「秋季祭典暨大悲觀音更密無上圓滿施食大法會」。
10/21	靈鷲山於貢寮區石碇溪步道海岸舉辦「淨灘愛地球、愛和平」活動。

拾月

10/21	靈鷲山樹林中心舉辦戶外「一日禪」。
10/21	靈鷲山新竹共修處一行人回山擔任志工。
10/22	靈鷲山護法總會於華藏海大講堂舉辦幹部「秋季成長營」。
10/22	靈鷲山慧命成長學院於臺中市吉尼兒幼兒園舉辦「全球心寧靜教師團同學會」。
10/22	靈鷲山臺北講堂舉辦「《大乘妙法蓮華經》經典共修」。
10/22	靈鷲山馬來西亞檳城禪修中心啟建「慈悲三昧水懺法會」。
10/25~11/05	心道法師展開東南亞宗教弘法之旅，首站來到新加坡，之後轉往馬來西亞柔佛及吉隆坡，並主持靈鷲山馬六甲佛學會動土儀式。
10/25 ～ 27	心道法師展開東南亞宗教弘法之旅，首站來到新加坡，拜會新加坡佛教總會，接著再赴阿南達彌提雅拉瑪泰佛寺及巴禮來佛教寺拜會參觀。隔天前往「一個群體（One People.SG）」會見協會執行長，就青年族群與宗教互動議題進行討論，隨後前往宗教和諧中心（Harmony Centre）導覽；27日，靈鷲山新加坡中心特別為心道法師舉辦「七十大壽與各宗教交流」晚宴。
10/25 ～ 10/30	靈鷲山慈善基金會與福智醫療團合作，前往緬甸臘戌地區寺院進行義診服務。
10/25	靈鷲山花蓮共修處舉辦「大悲咒共修」。
10/27 ～ 10/29	靈鷲山慧命成長學院於中國杭州臨安天目山景區舉辦「阿含期初階主題課程——初轉之法」。
10/27	靈鷲山基隆講堂舉辦「普仁家訪志工教育訓練」。
10/27 ～ 10/29	靈鷲山臺東中心於臺東東河部落屋舉辦「臺東三日旅行禪」
10/28	靈鷲山於下院聖山寺啟建「千燈供佛齋天長壽法會」，四眾弟子祝願心道法師七十壽誕，法體康泰、長久住世傳承法脈。
10/28	世界宗教博物館舉辦「與博物館共遊——世界宗教文化系列課程」，邀請中央研究院中國文哲研究所李豐楙老師主講「道教」。
10/28	靈鷲山慧命成長學院舉辦「二〇一七經典開門．智慧列車課程」，禮請靈鷲山恒傳法師主講《一切如來心祕密全身舍利寶篋印陀羅尼經》。
10/28	靈鷲山基隆講堂、臺北講堂及桃園講堂舉辦「朝禮靈鷲聖山」活動。
10/28 ～ 10/29	靈鷲山嘉義中心、高屏講堂舉辦「朝禮靈鷲聖山」，並回山擔任志工。
10/28	靈鷲山新北分院、中港中心、桃園講堂及中壢中心分別舉辦「大悲咒共修」。
10/29	心道法師東南亞弘法期間，親至馬來西亞柔佛新山南方大學學院主法「千燈供佛大悲觀音祈福消災法會」。
10/29	世界宗教博物館舉辦「與博物館共遊——世界宗教文化系列課程」，邀請國立臺北藝術大學建築與文化資產研究所林承緯老師主講「神道教」。
10/29	靈鷲山護法總會於臺北講堂舉辦「儲委第二堂課」（北場）。
10/29	靈鷲山基隆講堂舉辦「迎新會」。
10/29	靈鷲山臺中講堂舉辦「一日禪」。
10/29	靈鷲山臺南分院舉辦「《地藏菩薩本願經》經典共修」。

拾壹月

11/01~11/29	靈鷲山基隆講堂於每週三早晚分別舉辦「書法班」、「《大乘妙法蓮華經》經典共修」。
11/01~11/29	靈鷲山臺北講堂於每週三早晚分別舉辦「經脈導引」、「平安禪共修」。
11/01~11/29	靈鷲山中港中心於每週三舉辦「平安禪暨經典共修」。
11/01~11/29	靈鷲山桃園講堂、中壢中心於每週三分別舉辦「敦煌舞」課程。
11/01、11/08	靈鷲山嘉義中心舉辦「阿含期進階主題課程──無我之道」。
11/01~11/29	靈鷲山高屏講堂於每週三舉辦「經典共修」。
11/01~11/22	靈鷲山花蓮共修處於每週三舉辦「《藥師琉璃光如來本願功德經》經典共修」。
11/02	心道法師東南亞弘法期間，親至馬來西亞馬六甲主持佛學會動土儀式。
11/02 ~ 11/16	靈鷲山基隆講堂、中港中心於每週四分別舉辦「阿含期進階主題課程──無我之道」。
11/02~11/09	靈鷲山臺北講堂、桃園講堂、中壢中心、臺中講堂、臺南分院及蘭陽講堂每週四分別舉辦「阿含期進階主題課程──無我之道」。
11/02、11/16	靈鷲山新營共修處舉辦「經典共修暨大悲咒共修」。
11/02 ~ 11/30	靈鷲山中壢中心於每週四舉辦「敦煌舞」課程。
11/02 ~ 11/30	靈鷲山新竹共修處於每週四舉辦「平安禪修」。
11/03、11/18	靈鷲山臺北講堂、中港中心分別舉辦「千燈供佛法會」。
11/03、11/18	靈鷲山樹林中心舉辦「初一、十五誦戒及佛供」。
11/03 ~ 11/24	靈鷲山新竹共修處於每週五舉辦「經典共修」。
11/03、11/18	靈鷲山臺中講堂、嘉義中心、臺南分院、新營共修處、高屏講堂及蘭陽講堂分別舉辦「初一、十五佛供」。
11/03~11/24	靈鷲山臺中講堂、高屏講堂於每週五分別舉辦「平安禪修」。
11/03	靈鷲山嘉義中心舉辦「平安禪共修」。
11/03、11/18	靈鷲山臺南分院舉辦「百萬大悲咒共修」。
11/03~11/24	靈鷲山花蓮共修處於每週五舉辦「平安禪修（禪訓一）」。
11/04	世界宗教博物館舉辦兩場「與博物館共遊──世界宗教文化系列課程」，分別由臺灣神學院副教授曾宗盛老師主講「猶太教」、藝術史學者邱建一老師主講「古埃及信仰」。
11/04、11/26	靈鷲山桃園講堂一行回山擔任志工。
11/04 ~ 11/25	靈鷲山中壢中心於每週六舉辦「敦煌舞」課程。
11/04	靈鷲山嘉義中心舉辦「普仁獎──初審」及普仁獎家訪志工訓練。
11/04	靈鷲山臺南分院舉辦「普仁獎──初審」。
11/04、11/18	靈鷲山新營共修處舉辦「大悲咒共修」。
11/04	靈鷲山香港佛學會啟建「慈悲三昧水懺法會」。

拾壹月

11/05	心道法師東南亞弘法期間，親至馬來西亞吉隆坡蕉賴民政大廈主法「觀音薈供消災祈福大法會」。
11/05～11/11	靈鷲山無生道場舉辦「進階平安禪七」。
11/05	靈鷲山護法會臺北市A區於臺北大安森林公園主辦第三屆「大悲行腳」活動。
11/05	靈鷲山中港中心舉辦「一日禪」。
11/05	靈鷲山樹林中心舉辦「朝禮靈鷲聖山」活動。
11/05	靈鷲山蘭陽講堂舉辦「百萬悲願暨禪修」。
11/05	靈鷲山花蓮共修處於花蓮國軍英雄館啟建「藥師供燈祈福法會」。
11/06～11/27	靈鷲山新北分院於每週一早晚分別舉辦「平安禪修」、「經典共修」。
11/06～11/27	靈鷲山新北分院於每週二舉辦「花與禪」課程。
11/06～11/27	靈鷲山桃園講堂、中壢中心於每週一分別舉辦「敦煌舞」課程。
11/06～11/27	靈鷲山臺南分院於每週一舉辦「禪悅舞」課程。
11/07	靈鷲山舉辦「觀音三會・大願之路」大朝山活動。
11/07～11/11	靈鷲山基隆講堂啟建「梁皇寶懺法會」。
11/07～11/28	靈鷲山臺北講堂、桃園講堂及中壢中心於每週二分別舉辦「平安禪修」。
11/07～11/28	靈鷲山嘉義中心於每週二舉辦「瑜伽班」課程。
11/07	靈鷲山嘉義中心舉辦「佛供」。
11/07～11/28	靈鷲山臺南分院於每週二舉辦「《金剛般若波羅蜜經》經典共修」。
11/07～11/28	靈鷲山高屏講堂於每週二舉辦「書法抄經班」。
11/07～11/28	靈鷲山蘭陽講堂於每週二舉辦「平安禪暨經典共修」。
11/08～11/12	靈鷲山基隆講堂啟建「梁皇寶懺法會」。
11/08、11/22	靈鷲山臺南分院舉辦「誦戒會」。
11/09	世界宗教博物館舉辦「宗博十六週年館慶暨設立登記授證揭牌儀式」，為博物館法通過後，全國首座登記授證的私立博物館；當天也舉辦「愛與光——聖經繪畫故事特展」預展。
11/09、11/23	靈鷲山新營共修處舉辦「經典共修」。
11/10	靈鷲山心道法師親臨靈鷲山香港佛學會於香港THE ONE煌府酒樓舉辦「生命和平大學——愛心晚宴」。
11/10、11/24	靈鷲山嘉義中心舉辦「《大乘妙法蓮華經》經典共修」。
11/10～11/24	靈鷲山臺南分院於每週五舉辦「平安禪共修」。
11/11	靈鷲山於貢寮區石碇溪步道海岸舉辦「淨灘愛地球、愛和平」活動。
11/11	世界宗教博物館舉辦「新莊宗教地景調查」專題演講，邀請輔仁大學宗教學系助理教授林佩瑩教授主講「街頭巷尾找神明：佛教變化球」。
11/11	靈鷲山護法總會於臺南分院舉辦「儲委第二堂課」（南場）。

拾壹月

11/11	靈鷲山臺北講堂舉辦「《大乘妙法蓮華經》經典共修」。
11/11	靈鷲山新竹共修處舉辦「大悲咒共修」。
11/11	靈鷲山臺南分院舉辦「普仁獎家訪志工培訓」。
11/11、11/25	靈鷲山新營共修處舉辦「合唱團」。
11/11	靈鷲山高屏講堂舉辦「百萬大悲咒共修」。
11/12	靈鷲山於新北市三重綜合體育館啟建二〇一八年第一場水陸先修法會——大悲觀音祈福暨瑜伽燄口法會。
11/12	世界宗教博物館策劃「愛與光——聖經繪畫故事」特展，邀請藝術史講者謝哲青主講「西班牙聖雅各朝聖之旅」。
11/12	世界宗教博物館舉辦「與博物館共遊——世界宗教文化系列課程」，邀請國立臺中教育大學臺灣語文學系林茂賢副教授主講「臺灣民間信仰」。
11/12	靈鷲山樹林中心舉辦「小太陽生活禪」活動。
11/12	靈鷲山臺南分院啟建「慈悲三昧水懺法會」。
11/12	靈鷲山花蓮共修處啟建「慈悲三昧水懺法會」。
11/13～11/16	靈鷲山與天主教梵諦岡宗座宗教交談委員會(PCID) 及天主教會臺灣地區主教團，於下院聖山寺善法大樓共同主辦第六屆「佛教徒與基督徒對話國際研討會：佛教徒與基督徒並肩同行，走非暴力之路（Buddhist-Christian Colloquium : Buddhists and Christians Walking Together on the Path of Nonviolence）」。
11/13～11/20	靈鷲山榮譽董事會於緬甸舉辦「榮董緬甸參學朝聖之旅」。
11/13	靈鷲山基隆講堂舉辦「誦戒會」。
11/14～11/28	靈鷲山基隆講堂於每週二舉辦「平安禪共修」。
11/14～11/28	靈鷲山中壢中心於每週二舉辦「經典共修」。
11/15	臺灣駐泰代表童振源大使邀請泰國國內主要媒體及泰國第一學府朱拉隆功大學翁雪玉副教授等來山參訪，並拜會心道法師。
11/16	第六屆「佛教徒與基督徒對話國際研討會：佛教徒與基督徒並肩同行，走非暴力之路」於世界宗教博物館舉辦閉幕儀式，梵諦岡宗座宗教交談委員會主席陶然樞機主教（Cardinal Jean-Louis Tauran, President of PCID）特別抵臺致詞，副秘書長蒙席（Indunil Kodithuwakku）與靈鷲山開山住持、世界宗教博物館創辦人心道法師宣讀會議結論的十大共識宣言。
11/16～2018/03/04	世界宗教博物館推出「愛與光——聖經繪畫故事特展」，藉由十五至十九世紀精彩的歐洲繪畫引領觀賞基督教藝術的光華與博愛的深邃。
11/16～11/30	靈鷲山桃園講堂於每週四舉辦「經典共修」。
11/17	靈鷲山基隆講堂舉辦「普仁獎——初審」。
11/18～11/25	靈鷲山在緬甸仰光大善園寺國際禪修中心舉辦第五屆「南傳短期出家修道會」及第一屆「女眾南傳短期出家修道會」，體驗佛陀時代的僧團體制，由十位尊證長老比丘以巴利文重覆念誦受戒經文，為大家授證，心道法師親至主持。
11/18	靈鷲山於貢寮區石碇溪步道海岸舉辦「淨灘愛地球、愛和平」活動。

拾壹月

日期	事項
11/18～11/29	世界宗教博物館舉辦「印度 尼泊爾朝聖八大聖地」朝聖，朝禮佛陀出生、證道、弘法等，以及尼泊爾等佛教聖地。
11/18	世界宗教博物館舉辦「新莊宗教地景調查」專題演講，邀請輔仁大學宗教學系副教授鄭印君教授主講「街頭巷尾找基宗」。
11/18	世界宗教博物館「愛與光——聖經繪畫故事」特展期間，邀請國立臺南藝術大學藝術史學系副教授蔡敏玲教授進行專家導覽。
11/18～12/31	世界宗教博物館「愛與光——聖經繪畫故事」特展期間，舉辦「創意手作——聖誕花圈」教育活動。
11/18～11/29	龍樹生命和平教育課程學員隨世界宗教博物館舉辦「印度・尼泊爾朝聖八大聖地」朝聖行程，前往印度、尼泊爾進行國際體驗課程。
11/18～11/19	靈鷲山護法總會於善法大樓舉辦「幹部冬季成長營」。
11/18	靈鷲山基隆講堂舉辦「朝禮靈鷲聖山」活動。
11/19	靈鷲山基隆講堂、桃園講堂分別舉辦「一日禪」。
11/20	靈鷲山花蓮共修處一行回山舉辦「齋僧儀式」。
11/22～11/26	靈鷲山臺北講堂啟建「梁皇寶懺法會」。
11/22～11/26	靈鷲山新北分院啟建「梁皇寶懺暨瑜伽燄口法會」。
11/22	靈鷲山樹林中心舉辦「一日禪」。
11/24～11/26	靈鷲山慧命成長學院於中國北京沐和淨心苑舉辦「阿含期初階主題課程——初轉之法」。
11/25	世界宗教博物館舉辦兩場「與博物館共遊——世界宗教文化系列課程」，分別由國立臺中教育大學臺灣語文學系林茂賢副教授主講「臺灣民間信仰」、臺灣神學院鄭仰恩教授主講「基督宗教」。
11/25	世界宗教博物館舉辦「新莊宗教地景調查」專題演講，邀請輔仁大學宗教學系兼任講師張家衍主講「多采多姿的臺灣民間信仰地景大觀」。
11/25	靈鷲山基隆講堂一行回山擔任志工。
11/25	靈鷲山桃園講堂、中壢中心分別舉辦「大悲咒共修」。
11/25～11/26	靈鷲山紐約道場啟建「法華法會」。
11/26	靈鷲山高屏講堂、蘭陽講堂、樹林中心分別啟建「慈悲三昧水懺法會」。
11/26	靈鷲山臺中講堂舉辦「大悲咒共修」。
11/26	靈鷲山臺南分院舉辦「一日禪」。
11/27～12/10	心道法師帶領僧信前往緬甸朝聖供僧。此行於緬甸臘戌弄曼曼蘇寺、弄曼大善園寺及佛教史上第六次經典結集地世界和平大石窟分別進行「第十六屆緬甸供萬僧法會」。
11/29	世界宗教博物館舉辦「與博物館共遊——世界宗教文化系列課程」，邀請社團法人中華維鬘學會名譽理事長鄭振煌老師主講「佛教」。
11/29	靈鷲山花蓮共修處舉辦「大悲咒共修」。

拾貳月		
	12/01~2018/1/8	靈鷲山常住僧眾冬安居，閉關期間靈鷲山常住僧眾前後進行華嚴法會、禪十以及研戒與徒眾講習會。首先於下院聖山寺善法大樓啟建「華嚴法會」，並於圓滿日（12/17）啟建二〇一八年第二場水陸先修法會「普賢行願品暨瑜伽燄口法會」。
	12/01~12/29	靈鷲山新竹共修處於每週五舉辦「經典共修」。
	12/01~12/29	靈鷲山臺中講堂、高屏講堂及臺南分院於每週五分別舉辦「平安禪修」。
	12/01	靈鷲山嘉義中心舉辦「禪修共修」。
	12/02	世界宗教博物館舉辦「新莊宗教地景調查」專題演講，邀請輔仁大學宗教學系副教授張超然教授主講「公私兩相宜：臺灣北部道士的儀式服務」。
	12/02	靈鷲山臺北講堂舉辦「大悲咒共修」。
	12/02、12/18	靈鷲山臺北講堂舉辦「千燈供佛法會」。
	12/02、12/18	靈鷲山中港中心舉辦「初一、十五燃燈供佛法會」。
	12/02、12/18	靈鷲山樹林中心舉辦「初一、十五誦戒會與佛供」。
	12/02、12/16	靈鷲山桃園講堂一行回山擔任志工。
	12/02 ～ 12/30	靈鷲山中壢中心於每週六舉辦「敦煌舞」課程。
	12/02、12/18	靈鷲山臺中講堂、嘉義中心及高屏講堂分別舉辦「初一、十五佛供」。
	12/02、12/18	靈鷲山臺南分院早晚分別舉辦「百萬大悲咒共修」、「初一、十五佛供」。
	12/02、12/18	靈鷲山新營共修處舉辦「初一、十五佛供暨《大方廣佛華嚴經普賢行願品》經典共修」。
	12/02、12/18	靈鷲山蘭陽講堂舉辦「初一、十五佛供暨《金剛般若波羅蜜經》共修」。
	12/02、12/16	靈鷲山新營共修處舉辦「大悲咒共修」。
	12/02	靈鷲山香港佛學會啟建「慈悲三昧水懺法會」。
	12/03	世界宗教博物館舉辦「愛與光——聖經繪畫故事」專家導覽，邀請前臺北市立大學視覺藝術系所蘇振明教授主講。
	12/03、12/10	華嚴法會期間，靈鷲山榮譽董事會分兩梯次前往法會現場「華嚴捻香祈福」。
	12/03	靈鷲山中港中心舉辦「朝禮靈鷲聖山」活動。
	12/03	靈鷲山樹林中心舉辦「大悲咒共修」。
	12/03	靈鷲山臺中講堂啟建「慈悲三昧水懺法會」。
	12/03	靈鷲山蘭陽講堂舉辦「百萬悲願暨禪修」。
	12/04 ～ 12/25	靈鷲山桃園講堂、中壢中心於每週一分別舉辦「敦煌舞」課程。
	12/04 ～ 12/25	靈鷲山臺南分院於每週一舉辦「禪悅舞」課程。
	12/05 ～ 12/26	靈鷲山基隆講堂、桃園講堂於每週二分別舉辦「平安禪共修」。
	12/05 ～ 12/26	靈鷲山臺北講堂於每週二早晚分別舉辦「平安禪共修」、「養生氣功班」。
	12/05 ～ 12/26	靈鷲山新北分院於每週二舉辦「花與禪」課程。

拾貳月		
	12/05～12/26	靈鷲山樹林中心於每週二舉辦「拜願暨平安禪」。
	12/05～12/26	靈鷲山中壢中心、臺南分院於每週二分別舉辦「經典共修」。
	12/05～12/26	靈鷲山嘉義中心於每週二舉辦「瑜伽班」課程。
	12/05～12/26	靈鷲山高屏講堂於每週二舉辦「書法抄經班」。
	12/05～12/26	靈鷲山蘭陽講堂於每週二舉辦「平安禪暨經典共修」。
	12/06～12/27	靈鷲山基隆講堂於每週三早晚分別舉辦「書法班」課程、「《大乘妙法蓮華經》經典共修」。
	12/06～12/27	靈鷲山臺北講堂於每週三早晚分別舉辦「經脈導引」、「平安禪共修」。
	12/06～12/27	靈鷲山中港中心於每週三舉辦「平安禪暨經典共修」。
	12/06～12/27	靈鷲山桃園講堂、中壢中心於每週三分別舉辦「敦煌舞」課程。
	12/06～12/27	靈鷲山高屏講堂於每週三舉辦「經典共修」。
	12/06～12/20	靈鷲山花蓮共修處於每週三舉辦「《藥師琉璃光如來本願功德經》經典共修」
	12/07～12/28	靈鷲山中港中心於每週四舉辦「禪修課程」。
	12/07～12/28	靈鷲山桃園講堂於每週四舉辦「經典共修」。
	12/07～12/28	靈鷲山中壢中心於每週四早晚分別舉辦「平安禪共修」、「敦煌舞」課程。
	12/07～12/28	靈鷲山新竹共修處於每週四舉辦「平安禪共修」。
	12/07、12/21	靈鷲山新營共修處舉辦「經典共修」。
	12/08～12/29	靈鷲山嘉義中心於每週五舉辦「《大乘妙法蓮華經》經典共修」。
	12/09	靈鷲山慧命成長學院舉辦「二〇一七經典開門・智慧列車課程」，邀請熊琬教授主講《金剛般若波羅蜜經》課程。
	12/09	靈鷲山慧命成長學院於宜蘭縣礁溪國小舉辦第四場「心寧靜～做情緒的主人──教師單日研習講座」。
	12/09	靈鷲山護法總會於新北分院舉辦「儲委第一堂課」（北場）。
	12/09	靈鷲山臺北講堂一行回山擔任志工。
	12/09	靈鷲山新竹共修處舉辦「大悲咒共修」。
	12/09	靈鷲山臺南分院舉辦「普仁獎──複審」。
	12/09、12/23	靈鷲山新營共修處舉辦「合唱團」。
	12/09	靈鷲山高屏講堂舉辦「百萬大悲咒共修」。
	12/10	世界宗教博物館志願服務隊成員出席於新北市政府大禮堂舉辦之「106年新北市文化志工感恩大會」，獲頒文化優良志工團隊表揚；同時參與志工才藝表演競賽，再獲最佳創意獎肯定。
	12/10	靈鷲山護法總會於臺南分院舉辦「儲委第一堂課」（南場）
	12/10	靈鷲山基隆講堂舉辦「大悲咒共修」。
	12/10	靈鷲山嘉義中心舉辦「普仁獎──複審」。

拾貳月

12/11	世界宗教博物館主辦「愛地球妙點子」企劃案競賽，由宏國德霖科技大學應用外語科學生黃筱竹、黃上庭的「包裹時光活動企劃案」榮獲愛地球獎，由宗博館陳國寧館長親頒發獎狀及獎金給予獲獎學生。
12/11	靈鷲山基隆講堂舉辦「誦戒會」。
12/11～12/25	靈鷲山新北分院於每週一早晚分別舉辦「平安禪共修」、「經典共修」。
12/12	新北市貢寮區雙玉里鄉親在里長與前鄉長吳清同帶領下，參訪靈鷲山下院聖山寺，朝禮金佛殿並至華嚴法會現場捻香祈福。
12/13	靈鷲山基隆講堂舉辦「普仁獎——複試」。
12/13、12/27	靈鷲山臺南分院舉辦「誦戒會」。
12/14	靈鷲山下院聖山寺獲交通部觀光局東北角暨宜蘭海岸國家風景區管理處選為「光點．福隆」光雕活動六個景點之一，今日舉辦「光點．福隆～幸福點燈儀式」。
12/14	世界宗教博物館舉辦「與博物館共遊——世界宗教文化系列課程」，邀請靜宜大學西班牙語文學系何國世副教授主講「馬雅信仰」。
12/14	靈鷲山新營共修處舉辦「經典共修暨大悲咒共修」。
12/15	靈鷲山華嚴法會期間，新北市政府副秘書長許育寧、民政局主秘陳怡君、全國商業總會理事長張平沼、前立委許榮淑等貴賓前來法會現場捻香祈福。
12/16	世界宗教博物館舉辦「愛與光——聖經繪畫故事」特展，邀請天主教輔仁大學聖博敏神學院禮儀研究中心主任錢玲珠主講「人間的伊甸園——走出繪畫的繽紛，進入禮儀空間的秘境」。
12/16	世界宗教博物館舉辦「與博物館共遊——世界宗教文化系列課程」，邀請國家歷史博物館教育推廣組辛治寧組長主講「博物館高齡觀眾服務」。
12/16	靈鷲山基隆講堂舉辦「朝禮靈鷲聖山」活動。
12/16	靈鷲山臺北講堂啟建「慈悲三昧水懺法會」。
12/17	靈鷲山「華嚴法會」圓滿日，於聖山寺善法大樓啟建二〇一八年第二場水陸先修法會「普賢行願品暨瑜伽燄口法會」。
12/17	世界宗教博物館舉辦「愛與光——聖經繪畫故事」特展，邀請國立臺南藝術大學藝術史學系專任副教授于禮本主講「你所不知道的聖誕節——『耶穌誕生』圖像傳統的故事」。
12/17	世界宗教博物館於宗博館宇創廳舉辦「地球科學」和「天文漫談」講座主題：「我們的『家』位在宇宙哪裡？淺談地球，太陽系和銀河系」，邀請涂承恩老師主講。
12/17	靈鷲山臺中講堂啟建「慈悲三昧水懺法會」。
12/17	靈鷲山基隆講堂、桃園講堂分別舉辦「一日禪」。
12/18	靈鷲山新竹共修處回山舉辦「齋僧」儀式。
12/19～12/28	靈鷲山常住僧眾冬安居於無生道場舉辦「僧眾精進禪十閉關」
12/20	德國在臺協會處長暨德國駐臺代表歐博哲（Martin Eberts）夫婦、駐臺北以色列經濟文化辦事處代表游亞旭（Asher Yarden），猶太教拉比（Rabbi Shlomi Tabib）、臺灣基督長老教會雙連教會牧師賴信道博士（Prof. Dr. Stephen Lakkis）、財團法人臺北清真寺基金會馬嫦鳳等跨宗教及文化界代表，參觀世界宗教博物館常設展與「愛與光——聖經繪畫故事」特展。
12/23	靈鷲山於貢寮區石碇溪步道海岸舉辦「淨灘愛地球、愛和平」活動

拾貳月

12/23	靈鷲山新北分院、中港中心、桃園講堂及中壢中心分別舉辦「大悲咒共修」。
12/23	靈鷲山蘭陽講堂舉辦「一日禪」。
12/23	靈鷲山花蓮共修處舉辦「普仁獎——複試」。
12/24	世界宗教博物館舉辦「愛與光——聖經繪畫故事」特展教育活動——創意手作「玻璃花窗拼貼」。
12/24	靈鷲山基隆講堂一行回山擔任志工。
12/25～12/26	靈鷲山僧眾精進禪十閉關期間，特別邀請藏傳竹巴噶舉及寧瑪傳承持有者措尼仁波切（Tsoknyi Rinpoche）為僧眾開示「大圓滿法教」。
12/27	靈鷲山花蓮共修處舉辦「大悲咒共修」。
12/30～2018/01/08	靈鷲山常住僧眾冬安居於無生道場舉辦「僧眾研戒及徒眾講習會」。
12/30	靈鷲山基隆講堂舉辦「基隆地區普仁獎頒獎典禮」。
12/30	靈鷲山臺北講堂舉辦「《大乘妙法蓮華經》共修」。

國家圖書館出版品預行編目(CIP)資料

靈鷲山弘法紀要. 2017 / 釋法昂等編輯. -- 初版. --
新北市：靈鷲山般若出版, 2018.02

面； 公分

ISBN 978-986-95591-3-3(平裝)

1.佛教教化法 2.佛教說法

225.4 107000613

靈鷲山2017弘法紀要

總 策 劃 釋了意
編 審 靈鷲山文獻中心及出版中心
編 輯 群 釋法昂、陳坤煌、洪淑妍、林佳儀、汪姿郡
美 編 黃偉哲
影片剪輯 靈鷲山文獻中心
圖片提供 靈鷲山攝影組志工

發 行 人 黃虹如
出版發行 財團法人靈鷲山般若文教基金會附設出版社
劃撥帳戶 財團法人靈鷲山般若文教基金會附設出版社
劃撥帳號 18887793
地 址 23444新北市永和區保生路2號21樓
電 話 (02)2232-1008
傳 真 (02)2232-1010
網 址 www.093books.com.tw
讀者信箱 books@ljm.org.tw

法律顧問 永然聯合法律事務所
印 刷 鴻霖印刷傳媒股份有限公司
初版一刷 2018年2月
定 價 新臺幣600元
ISBN 978-986-95591-3-3 (平裝)

靈鷲山般若書坊